家長不要做的35件事

子育てで絶対やってはいけない35のこと

陳美齡
金子和平
著

前言

孩子降生於世，任誰都會為這生命的奇跡所感動。為人父母的自豪和喜悅之情，是珍貴到無法用語言來表達的。但同時，我們也必須要有為人父母的覺悟。

生存、成長、被保護、有人傾聽自己——這是孩子與生俱來的權利。而守護好這些權利，是父母的責任。

父母疼愛著孩子，為孩子的成長而喜悅，培養親子間的愛，和孩子共同面向未來，攜手前行，直至他們長大，這是一個神聖又神秘的過程。但是其間也會出現許多難題，令父母不知道該怎麼辦。

教育子女，對父母來說也是一種教育。父母一邊從孩子那裡學習，一邊逐步成為真正的「父母」。

孩子的頭腦就像一片海綿，不管是好的還是不好的，他們都會全面吸收。

孩子的內心就像透明玻璃，光線或明或暗，他們都會同樣接受。

所有父母都希望孩子健康茁壯地成長，想要孩子具備美好、溫柔的心靈，和聰慧的頭腦。為此，天下父母竭盡所能，為改善孩子周圍的環境而努力。

但是，在實際育兒的過程中，有些事情是可以做的，而有些事是絕對不能做的。尤其是那些「絕對不能做的事」，非常容易被大家忽視。

請不要因為「絕對」這個字眼而過於神經質。我在這本書中，希望就著那些「絕對不能做的事情」，和大家一同重新梳理育兒的問題。

我在加拿大多倫多大學修讀完兒童心理學後，於美國史丹福大學取得教育學博士學位。除了理論知識外，身為三個孩子的母親，我也通過自己的實踐，還有我從父母那裡學到的、從前輩們那裡討教來的「秘技」，掌握了各種育兒方法。我把所有這些結合起來，加以摸索，撫養出三個兒子。他們茁壯成長，相繼入讀美國史丹福大學，現在全都已經長大成人了。

在育兒的日子裡，每天都很有趣、快樂，也一直在面對各種挑戰。

培育一個人的責任，實在非常重大。一想到自己一個行動、一句話都有可能左右孩子的未來，父母們就會非常緊張。

為了緩解年輕父母們的緊張，也為了使親子一同快樂成長，在這本書裡，我想把自己特別注意、特別重視的事分享給大家。

這次，我的大兒子和平，以他對我的育兒方式的親身經驗，寫了一些意見，我感覺就像是從兒子那裡收到了「成績單」一樣。

我相信，各位在育兒之路上遇到挑戰時，這本書一定能提供些許幫助。如果大家在日常育兒時以它作為參考，實際活用起來，我會感到萬分榮幸。

目次

習 Learn

愛 Love

尊 Respect

家 Family

食 Food

危 Danger

心 Heart

善 Goodness

後記

個

Self

孩子不是大人的附屬品，也並非大人的「未完成版」。無論什麼時候，他都是完完整整的「個體」。只有尊重孩子的意願、潛力、個性和能力去培育他，才能提高孩子的自我肯定力。將孩子看做一個獨立的「個人」，認真對待，這樣他才可以無所畏懼，勇敢追夢。

1

不要拿孩子與他人作比較

子供を他人と比べてはいけない

每一個孩子都是無價之寶，都是非常珍貴的生命，沒有貴賤之分，我們應該愛護每一個孩子。**孩子們各有各的特點，不會朝著同一個方向成長**。擅長或不擅長的事情，每個人都不一樣。但是，許多父母總喜歡拿自己的孩子和別人比較，以確認孩子的成長，是否與周圍相比處於平均水平。這樣的心情，我十分理解。**但是過分的比較，會給孩子帶來不良的影響**。

許多心理學家都說過這樣的話：

「不能拿孩子與他人作比較。在比較的過程中，那些誤會『自己比別人優秀』的孩子，會開始歧視別人；而那些感覺『自己不如別人』的孩子，會變得很害羞，慢慢失去自信，以為自己低人一等，不知道自己有什麼潛力。到最後，自己的可能性都忘記了。」

如果父母拿孩子與他人作比較，孩子的「**自我肯定力**」[1]就會降低。

讓孩子擁有「自我肯定力」，是教育的基礎。自我肯定力高的孩子，會認為「別人是別人，我是我自己」，他們不會與別人作比較，無論什麼時候，都能明白**自己是有價值的人**。

自我肯定力高的孩子，不會妒忌別人的幸福，而是會為別人的成功感到高興。因此，他們能從比自己厲害的人身上學到東西，也樂意對需要幫助的人伸出援手。

他們不會嫉妒，也不會歧視別人，能夠堅毅、正直地成長。

而另一邊，從小就被拿來作比較的孩子，會變得在意其他人的看法。

他們會無意識地和別人比較起來，然後開始嫉妒，比如「那個小朋友比我可愛」、「那個小朋友比我學習好」。他們還會對沒有必要自責的事情感到煩惱，給自己施加多餘的心理壓力，總是責怪自身。

也有的孩子，會通過和他人比較來獲得優越感，比如「我比較聰明」、「我比較漂亮」、「我打架更厲害」。

但是，通過看低別人而感受到的優越感，是無法長期持續下去的。這樣的孩子為了自我安慰，會不斷尋找比自己弱、比自己不幸的人，以獲得所謂的優越感。

這樣的人生太累了。為什麼？因為那是「**永無休止**」的。無論多麼美麗的人，世上總會有人比自己更美麗。無論多聰明、多強壯的人，一定也會遇上比自己更聰穎、力氣更大的人。無論是不是孩子，只懂得和別人比較的人，是**一輩子都無法滿足的**。

所以說，不能拿孩子作比較。讓我們告訴孩子，沒必要拿自己和別人比。**如果要比較，和自己比就行了**。

今天的自己比起昨天，是不是變得更好了？

今天的自己比起昨天，是不是變得更善良了？

為了讓明天的自己變得比今天更好，今天我能做些什麼呢？

比如說，當孩子對你說「我想和大家一樣跑那麼快」時，你可以這麼回答：「如果想跑得快，那就和媽媽一起努力吧！但是不要和別人去比哦，要和昨天的自己一較高下！」之後可以帶著孩子在公園裡一起練習。

只要孩子有了一點點進步，就由心而發地誇讚他。要讓孩子明白，競爭對手就是自己，這才是最有意義的事。

即便如此，有時候別人也會用你的孩子作比較。

「媽媽，我是不是長得比別人難看？」我家大兒子上小學的時候，突然這麼問我。我問他：「你被誰說了什麼嗎？」大兒子回答：「班上的同學說的。」

當時我是怎麼做的呢？

我和大兒子一同站在鏡子前，對他說：「看，媽媽和你長得很像吧？」大兒子搖搖頭說：「看不太出來。」於是，我翻出自己小時候的照片給他看，「怎麼樣？很像吧？」他看到照片，大笑著說：「一模一樣！」我看著他的眼睛又問：「那在你看來，覺得媽媽長得難看嗎？」他搖頭道：「媽媽很漂亮啊！」

「既然媽媽漂亮的話，因為你和媽媽長得一模一樣，所以你也是漂亮的哦！」我這麼說著，一把抱住大兒子，認真嚴肅地對他講：「媽媽告訴你哦，比起外表的美麗，心靈的美麗更重要哦。臉蛋是無法磨練的，內心卻是能不斷打磨的。一個人就算長得再好看，如果他的心靈醜陋，也是誰都不會愛他的。」

一邊聽著一邊點頭的大兒子，臉上盈滿笑意。而這樣一張笑臉，在他長大成人後依然未變。

如果孩子能對自己保持自信，接受原本的自我，就能昂首挺胸過好每一天。只有這樣，孩子才能自由地發揮潛力。

因此，父母千萬不能拿孩子比來比去，而是要全盤接受自己的孩子，給予保護並幫助他發揮長處，這才是作為父母的第一職責。

1「自我肯定力」：積極接受自己、肯定自己、評價自己的能力。

兒子說

「不拿自己和別人比較」、「自己應該同自己相比」——在我長大成人後的今天，依然會頻繁思考這兩點。

工作上當然是這樣，興趣和私人生活方面也是如此。「天外有天，人外有人」，而且和別人比較之後，差距又不會縮小。然而，如果努力使今天做得比昨天更好，即使最後沒有得到理想的結果，我也甘願接受，而且在挑戰新事物或者不擅長的事情時，恐懼心理也一定會減輕不少。

講心裡話，我不覺得自己是那種特別有自信的人。只是可能從小受父母的教導，即使被拿來作比較，看到別人比自己成功、能力比自己優秀，我都不會急躁、嫉妒，已經養成了冷靜應對的能力。也許這和一般意義上的「自信」不同，但和我本人較為穩重的性格有相通之處。我想，這正是我母親所說的「自我肯定力」吧。

2

不要把孩子當嬰兒對待

子供を赤ちゃん扱いしてはいけない

孩子從很小的時候起，就對大人們說的話有驚人的理解力。

我家三個兒子還是嬰兒的時候，我就開始和他們說各種各樣的話。嬰兒會觀察周遭環境，**特別會從母親的表情、聲音、動作等等，接收各種訊息**。在這樣的過程中，他們很快就能記住別人說過的話，並且掌握當前情況。

許多父母會對嬰兒用「嬰兒語」（比如疊字）。可能是認為對待小寶寶，可愛的說話方式比較合適吧。但實際上，這些「嬰兒語」對嬰兒來說不一定容易理解，**反而有可能拖慢嬰兒了解大人的意思**。

對嬰兒使用大人的說話方式，會令他們更快學會說話，也能掌握單詞、語法，記住語調的細微不同等等。

所以要**相信孩子的學習能力，從孩子嬰兒時期開始，就和他們以大人的方式說話**。

在教孩子認識這個世界的時候，不要因為覺得「他們還小，不會懂的」而放棄。面對還不會說話的孩子，也許父母會覺得說再多也沒用，但事實卻並非如此。

這是我家大兒子一歲時發生的事情。當時他正在吃一種用栗子做的日式點心。他拿著點心的小手，突然開始往地毯上擦來擦去。雖然我對他說「這樣不行哦」，他還是笑呵呵的高興樣，沒有停手。

眼見他那張可愛的小臉，我也氣不起來。但我知道，作為父母，必須告訴他「絕不能浪費糧食」的道理。

下定決心的我，拿出以前為日本的慈善節目《二十四小時電視》當主持人，去埃塞俄比亞時的照片給他看。我問他：「這些小朋友因為內戰和旱災，想吃東西卻什麼都沒得吃，很多小朋友因此就餓死了。你看，你卻把食物往地毯上擦，這樣對嗎？」

說老實話，一個一歲多的孩子，是否真能理解我說的話，當時的我也沒有把握。但他突然睜大眼睛，猛盯著那張照片，然後又看看我。

我搖搖頭，再次叮囑道：「不能浪費糧食哦。」他伸手去觸碰照片裡小朋友的臉，好久都沒動。然後，他把點心交到我手裡，不再去搓地毯了。「謝謝你明白了媽媽的意思！媽媽很開心哦！」我一邊這麼說著，一邊把他緊緊擁入懷中。

從那次以後，大兒子就再也不會拿食物來玩了。

當時他到底是怎麼理解的呢？至今依然是個謎。但那時候我深切感受到，即便是一歲的孩子，只要你好好講道理，一些重要的事情他還是能理解的。

孩子到兩歲左右，就會每天都嘗試各種挑戰，測試一下「什麼是可以做的呢？什麼又是不能做的呢？」

比如打人啦，扔杯子或食物啦，或者想用手去碰一下火等等。每當這些時候，重要的是相信孩子的理解能力，仔細地解釋給他們聽。

例如可以輕輕拍打一下孩子，讓他切身感受痛楚。「看，打人會痛吧？」然後再**像和大人**

說話時一樣，和孩子講道理，解釋為什麼不能傷害他人。這樣做，孩子肯定會以自己的方式理解的。

「看，碰到火焱會很燙吧？燒傷是很痛的哦。給你講個故事，日本有一位叫做野口英世的有名醫生，他因為小時候燙傷了手，做事非常不便。儘管如此，他還是努力做各種研究。你想想看，如果你手不好用了，會很不方便吧。」像這樣反覆解釋，孩子肯定會理解。

「年齡那麼小，不會懂的。」這樣的想法，只是大人的固執己見。

孩子的理解力，一直都令我很驚訝。以我撫養三個孩子長大成人的切實體會來說，**不能把孩子當成嬰兒對待**，這是很重要的。

兒子說

小時候，我經常被大人說很「倔強」（可能現在他們還是這樣覺得）。當然了，我也許真是一個倔強的小孩吧。不過我想，父母「不把我當嬰兒對待」的教育方法，也為我的倔強作出了「貢獻」。

因為不管大人說我什麼，給我下怎樣的指示，我都會問：「為什麼？」「怎麼會這樣？」當中並沒有什麼特別的理由，只是小孩子的反抗心作祟，不想就那樣輕易地聽從大人的話。但不管什麼事情，母親總是會給我解釋，直到我接受並理解。

託她的福，現在我們三兄弟比一般人更會辯論、更有邏輯。不管是多麼稀鬆平常的事，我們家人之間也都不是用情感，而是用道理來決定。曾經的「倔強」，如今似乎已經變成「愛講道理」了。

3

不要埋沒孩子的個性

子供の個性を殺してはいけない

社會心理學家經常把日本社會稱作「Role Perfect society」，意思是每個人都想要把自己的角色做得完美的「角色完美主義社會」。

這個社會對每一個角色都有一定的標準，完美的家庭主婦、完美的妻子、上班族、母親、父親……等等。女人在跟友人參加聚餐時所展現的樣子，不同於在丈夫面前的時候；男人面對妻子時，不同於在公司裡的樣子。人們在不同場合扮演著不同的自我。

這是使社會順利發展的某種規則，卻令表現出真實的自我成了禁忌。大家即使抹殺自我，都要扮演好自己「被期待的角色」，不擾亂四周的和諧被認為是一種美德。

在「槍打出頭鳥」的社會氛圍裡，孩子不知不覺就會認為「和別人一樣就行了」或「不能引人注意」。

上小學時，課堂上老師一提問，學生們立刻踴躍舉手，嘴裡迫不及待地喊著：「我會！我會！」而到了中學時期，孩子們開始在意周圍人的反應，願意舉手的孩子急劇減少。等上到大學，課堂上一大半的學生，對於老師的提問已經沒有任何回應。

學習的場所，是通過老師與學生之間的交流才成立的，從中能誕生出新的學問。一旦提出自己的意見，就會引起別人注意，所以不提意見更好——這樣的風氣實在太遺憾了。

在職場上也是這樣。上級在說話的時候，大家都沉默不語，即便心裡有意見，如果自己沒有被問到，就會覺得難以說出口。

然而如今的時代，需要的是**新思想**、**新創意**。培養出**不介意周圍人的眼光，能夠直抒己見的年輕人**，是學校和父母一項不可忽視的課題。

當然，依照時間、地點、場合（Time, Place, Occasion，簡稱 TPO），遵守規則是很重要的。但是，一旦過了頭，就會埋沒人的「個性」。生活在全球化社會，「個性」是孩子們最大的武器。如何拓展他們的個性，是很關鍵的一點。

話雖這麼說，父母也不想見到自己的孩子將來不被社會所接受。那麼該怎樣做，才能既做到融入社會，又保留孩子的「個性」呢？

首先，我認為最重要的是**告訴孩子「多樣性」的樂趣**。

我經常和兒子們說：「就是因為世上有各種各樣的東西存在，每天才會快樂哦。」

在公園賞花時，我會說：「你看，有那麼多不一樣的花，很棒吧。不同的形狀、顏色，都非常漂亮呢。」「如果花兒都長得一樣，會很無聊吧。」

在動物園看動物時，我會說：「你看，動物們都不一樣，真有趣呀！」

接著再說到：「我們人也是這樣，因為大家都不同，所以才有意思，才會過得很開心哦。」「如果大家都長著一模一樣的面孔，聲音也一樣，會很奇怪，很無趣吧。」「所有人的臉、膚色、頭髮顏色都不相同。所以我們這個世界才那麼有趣、精彩哦。」

為了讓孩子明白「所有人都做一樣的事並不一定最好」的道理，我還和他們講了這樣一個故事：

有一天，動物們決定去隔壁學校看看。老師對大家說：「大家一起走路去吧！」身上長翅膀的小鳥問：「我的腿短，可以飛過去嗎？」老師回答：「不行，大家要一起走路去！」海豚問：「我可以游泳過去嗎？」老師回答：「不行，大家必須一起走過去。沒有特殊待遇。」好了，這下麻煩了！小馬和小狗不一會兒就走到了終點，但是小鳥走得很困難，海豚更是快累死了。

本來大家可以用各自的方法到達目的地，但因為老師無視每個人身上不同的特點和個性，造成有些孩子無法發揮出實力。

聽完這個故事，孩子拋出了一個天真的問題：「那我是海豚嗎？還是馬？」我歪著頭露出疑惑的表情，並鼓勵他：「是哪個呢？媽媽也不清楚。**但重要的是提起勇氣，以自己的方式行動哦！**」

那麼，你的孩子是「小鳥」？是「海豚」？還是「馬」呢？或者其他別的什麼動物？

不管怎樣，希望各位不要忘記，**只有父母能發現自己孩子的個性，也只有父母能給予孩子勇氣，守護好他們的個性。**

請給予孩子們鼓勵吧：「TPO是很重要，社會的規則也必須遵守。但記住，千萬不能抹殺自己的個性哦。和別人不一樣也沒關係！與人不同正是你優秀的地方！靈活運用自己的個性，保持自我，向著海闊天空自由邁進吧！」

兒子說

小時候，我也曾經希望「和別人保持一致」，「融入大家」。但諷刺的是，長大後我反而非常想擁有「和別人不一樣的地方」和「自己的特色」。

大概我從小時候開始，就沒有完全符合同齡孩子或者所謂一般社會的步調。因此我長大以來，從沒後悔過「要是我以前再有個性一些就好了」的想法。在美國創業，成為經營者之後，對於工作上的同事，就像「小鳥和小海豚」故事裡說的一樣，我也建議他們「不要去改正自己的短處，重要的是如何活用自己的長處來工作」。

我從小就非常喜歡看圖鑑書、去水族館、收集昆蟲標本。或許就是因為母親告訴過我，要有一份「享受與他人不同」的心態吧。如果將來我有了自己的小孩，我想我也會教育他去擁抱人類、自然和文化的多樣性，成為有敬重之心的孩子。

4

不要代替孩子作選擇

子供の代わりに選択してはいけない

人生就是不斷「選擇」的過程，每天的「選擇」將決定你的人生。做出明智選擇的人，人生就能幸福美滿；相反的，做出愚鈍選擇的人，就只能過著苦日子。

育兒的一大目標，就是把孩子培養成為一個當站在人生轉角的時候，能夠做出最明智的選擇的人。為此，需要從孩子小時候起，**就對他們進行「選擇」的訓練**。所以說，父母絕不能代替孩子作選擇，反而更應該盡可能多給孩子選擇的機會，這是很重要的。

比如說，可以打開冰箱問孩子：「今天中午想吃什麼？我們來看看吧。有馬鈴薯，還有豬肉呢。這些材料能做點什麼？馬鈴薯燉肉？可樂餅？薑汁烤肉？」像這樣，把資訊灌注給孩子小小的腦袋。

重點是，先給他們看看有什麼材料，讓他們想像一下能做什麼菜，然後重新問「你想吃什麼？」因為如果只是嘴上問「想吃什麼」，孩子一般只會回答「隨便」之類的話敷衍一下。然而，只要事先提供資料，讓他們想像，再提供選擇，孩子就能自主思考，給出答案。通過這樣的方法，能夠訓練孩子自己做選擇。

雖然是微不足道的事，但比起總是父母來決定，孩子不聞不問，有什麼吃什麼，不如讓孩子參與選擇的過程，不但能幫他們學習掌握作選擇的方法，更能從中獲得樂趣。

比起父母為孩子選好衣服，讓孩子自主思考和決定穿什麼衣服會更好。不要機械式地問孩子：「今天準備穿什麼出門？」而是在言語間夾雜可供判斷的資訊，再讓他們自己做決定，例如：「下午似乎會變涼喲。」「昨天你穿的是紅色衣服吧？」「今天有生日祝賀會呢。」

如此一來，孩子就會懂得選擇最適合自己的行頭了。通過這樣的過程，**孩子能夠自己判斷狀況，也能思考自己的立場和 TPO 等等各種各樣的事情**。

不斷反覆訓練，孩子就能成長為擅長作出抉擇的人。

我家大兒子要上幼稚園的時候，我正好在美國史丹福大學唸博士學位。

由於對美國的幼稚園不是很熟悉，我詢問了教授。教授向我推薦道：「有一家蒙特梭利式的幼稚園，我覺得那裡挺好的。」因為當時很流行蒙特梭利教育法，於是我沒有半點遲疑，就決定把孩子送去那兒了。

可是，大兒子不喜歡那家幼稚園，每天早上都哭著不願去。雖然熱心的校長特意來家訪，努力和大兒子溝通，他就是對這家幼稚園喜歡不起來。

我這才意識到一件事——當初沒有問過大兒子：「上這間幼稚園行嗎？」

後來，我親自帶著大兒子參觀了好幾所幼稚園。其中有一家開在史丹福大學校園內的小型幼稚園，也不知為什麼，大兒子似乎非常滿意，明確表示「我喜歡這裡」，立馬開始和裡面的小朋友一起玩。看著他興高采烈的樣子，我開始反省：「要是一開始就讓他選就好了。」

自從轉到自己選擇的幼稚園以後，大兒子變得十分活躍，沒過多久，英語也說得很流利了。之前每天哭哭啼啼的日子，就像從未發生過一樣！自此以後，大兒子就變成一個很喜歡幼稚園的孩子了。

當然另一方面，**孩子有時也會作出錯誤的選擇**。

比如買冰淇淋的時候，明明是自己選的味道，嚐了一下卻抱怨不好吃。這時候，父母千萬不要說「那我們買其他的吧」、「那就和媽媽的交換吧」這樣的話。

如果是性命攸關的問題，那當然另作別論，否則**要是孩子作出了錯誤選擇，讓他們嚐嚐苦果，這也是教育的一環**。

當孩子經歷失敗之後，重要的是與他們交流討論：「有沒有更好一點的選擇呢？」或者試著詢問孩子：「為什麼會選這個味道的冰淇淋呢？」讓孩子給出理由，比如「因為以前沒吃過」、「因為顏色好好看」。

接著父母再給出建議：「看來還是先試吃一下比較好啊。」這樣一來，下次遇到同樣的狀況，孩子就會主動提出「請讓我試吃一下吧」。

能否作出明智選擇，並不是遺傳基因決定的，而是需要後天積累的經驗與訓練。父母能為孩子提供選擇的機會越多，孩子能學到的也越多。

兒子說

為什麼在社會或商業世界裡，那麼重視決斷力呢？我覺得理由有三點：第一，無法果斷作出選擇的人很多；第二，要作出正確的選擇很難；最後一點，很多人作了錯誤的選擇，卻無法承擔後果。重要的是，如果能解決第二和第三點，那麼第一點也就迎刃而解了。所以在孩子小的時候，就要訓練他作出正確選擇的方法，教育他對選擇的結果負起責任。這對孩子的將來一定大有用處。

我人生中最困難、最重大的選擇，就是離開日本的家人身邊，去美國的寄宿制高中留學。當時我只有十四歲，能放手把決定權全盤交給年幼的我，父母想必也需要相當大的勇氣吧。

而幸運的是，這個選擇從各方面來看，算是得到了正面的結果。而正因那次決斷是由我自己作出的，更有著不可估量的價值。

力

Strength

所有孩子都擁有與生俱來的潛力。如果加以教育，他的「腦力」將會蓬勃發展；如果簡慢待之，「腦力」則會萎縮消失。這同養育植物是一個道理，澆水、曬太陽，需要日常給予呵護和營養。孩子的「腦力」變好還是變差，取決於父母的教育方式。父母的一點點努力，將會大大幫助到孩子。

5

不要讓孩子的生活一成不變

同じような毎日を過ごさせてはいけない

我們經常聽到這樣的育兒建議：「孩子每天安穩地生活很重要。決定好一整天的行程，要讓孩子的每一天都過得有規律。」

早晨幾點起床，幾點吃早飯，幾點去公園玩，幾點睡午覺等等……然而，這樣的做法，對於孩子的大腦發育絕不是一件好事。甚至可以說，零至三歲期間，每天讓孩子有不同的體驗，令他們的生活充滿刺激，大腦發育才會活躍起來。

人類的腦細胞數量，每個人基本相同，但是連接細胞的神經元突觸[2]卻因人而異。一般來講，**神經元突觸越多，大腦運轉速度越快**。

零至三歲，是大腦產生最多神經元突觸的時期。每次受到外界新的刺激，就會產生新的神經元突觸。所以說，比起每天生活一成不變的孩子，生活豐富多彩的孩子會產生更多的神經元突觸。

正因為這樣，有必要讓孩子的每一天過得有變化。

比如說，可以嘗試每天早餐換換花樣，或者換個地方用餐，餐具也變化一下。

請不要總是待在同一個公園，和同一群小朋友玩，偶爾也坐車去其他公園看看；就算去的是同一個公園，也可以試著故意繞繞遠路，看看與以往不同的景色。諸如此類的行動，其實非常重要。

不要每天給孩子看一樣的電視節目，應該看看其他頻道。

像這樣，通過給予各種新的刺激，孩子的大腦才得以順利發育。

如果孩子要上託兒所，父母每次去接孩子的時候，請和孩子多多交流吧。

例如可以走走不一樣的回家路，或休息日帶孩子去動物園，或接觸大自然的山水，讓孩子感受四季變換，森林萬木的清香，花兒的繽紛色彩，泥土的濕潤觸感等等，給他們各種不一樣的體驗。

不論是用手觸摸，用眼睛看，用耳朵聽，用嘴巴嚐，什麼感受都可以，**請給孩子的五官帶**

來更多刺激吧。

人即使過了幼兒時期，神經元突觸依然會持續產生。

八歲以前，孩子的大腦以驚人的速度吸收外界事物，從而變得複雜。據說在八歲時定下的IQ，一生都不會改變。所以在這期間，能給予孩子的大腦多少刺激，是父母育兒時的課題。

看書，做運動，去美術館，與動物接觸，寫詩歌等，通過給予刺激讓孩子的大腦全速運轉，他們就能廣納百川，不斷成長。

一旦過了八歲，大腦就會慢慢開始切斷用不上的神經元突觸。

具體年齡因人而異，但一般來說，到了十二至十四歲，孩子擅長和不擅長什麼，喜歡和討厭什麼，就會開始定型。這是大腦完全發育的結果。

到此之前，如果能產生大量神經元突觸，讓大腦變複雜，孩子的選擇就會更多。這些孩子在考慮事情的時候，思路也更廣，不會東繞西繞，能夠直接理解，成為一個頭腦敏捷的人。

一直以來，我盡量努力讓兒子們每天都有不一樣的體驗。

冬天的寒冷，春天的繁花，夏天的大海，秋天的紅葉，有意識地讓他們體驗精彩的四季之景。飲食上注重「五色五味」[3]，使用多種食材製作料理，也注意更換不同花樣。

有次丈夫傍晚回到家，突然說：「我們去泡溫泉吧！」我就問：「孩子明天還要上學，怎麼辦？」孩子爸爸回答我：「休息一天沒關係嘛。」然後，我們就這樣臨時出門去旅行了。

孩子當然非常開心。休息一天沒去學校，令他們之後更加努力學習。

習慣了每天跟著相同時間表的孩子，**一旦時間表變了，就會感到巨大的心理壓力**。他們每天在相同的時間點起床、吃飯、去學校、做作業、玩耍、吃晚飯、洗澡，最後睡覺。這樣的時間表一旦被打亂，就會令孩子產生壓力。

但是，我家兒子們因為知道每天做不一樣的事是理所當然的，造就了他們隨機應變的能力。即便周遭的生活環境發生突變，他們也不會慌張。比如吃飯晚了不會抱怨，睡覺時間變少不會感到煩躁，完成不了作業也不會慌張。**他們之所以在任何時候都能穩重行事，就是因為從小就過著張弛有度、富於變化的日常生活。**

人生中總有各種突發狀況。

為了賦予孩子隨機應變的能力，請一定讓他們的生活過得有鬆有緊。

2 大腦傳遞資訊的接觸構造。分為輸出神經資訊和輸入神經資訊，是人類學習、記憶的細胞結構。

3「紅、黃、綠、白、黑」五種顏色和「甜、酸、鹹、苦、辣」五種味覺都用來做菜。這是以中國的陰陽五行說為根基，也是日本和食中的一項基礎。

兒子說

「隨機應變」，這確實是我父母很喜歡的一個成語。特別是在我上小學之前，我記得幾乎每天都會去母親的工作場所，例如電視台、各地的演唱會會場等等，身處不同的環境，感覺每天如同冒險一般。雖然父母一直非常忙碌，但他們還是讓我有了豐富的經歷。

我是否因此提高了IQ，這我不敢確定。但我有自信無論處於什麼樣的環境、怎樣的情形中，都能愜意快樂地度過。得到新的經驗是一件好事，我現在也不斷努力，盡可能多嘗試不一樣的事情。

多虧了父母的這一教育方法，我們兄弟三人都有一些特殊才能。比如說，無論在多嚴酷的環境裡，三個人都能睡覺。另外，我們都不挑食，什麼食物都樂意一嚐。只有一個問題，就是擺脫不了熬夜的習慣，每天總覺得有點睡不夠(笑)。

6

不要令孩子討厭文字

「文字嫌い」な子にしてはいけない

我們的文化，是通過把各種的知識和思維化為「文字」而開始的。**通過文字，我們將知識流傳後世，文明才得以開化**。因此，**文字對人類社會也好，對每一個人也罷，都是成長之路上不可或缺的**，非常重要的東西。

喜歡文字的孩子就會喜歡讀書，也愛讀報紙。當然了，學校裡的學習也不會覺得很辛苦，寫文章也自然變得很拿手。

主動追求知識，**能令他們增廣見聞，度過多彩豐富的人生**。自然地，也能夠**靈活把握人生機遇，掌握跨越困難的能力**。

所以，不能令孩子討厭文字。

「怎樣做才能培養孩子喜歡上文字呢？」「從幾歲開始教寫字比較好？」新手媽媽們，想必會發出這樣的疑問。

我想，要回答這些問題，有三個要點。

首先，是讓孩子「**愛上讀書**」。接著，讓孩子「**用遊戲的方式自學文字**」。最後，讓他們「**學習跟得上這個時代的文字**」。

要讓孩子「愛上讀書」，**從他們小時候起，就得告訴他們「書本是非常有趣的」**。當然，如今是互聯網時代，即使不是用紙做成的書也可以。總之，要讓孩子覺得「閱讀是最有趣、最開心的」，循循善誘，將他們的心引入書本的世界。

從我家兒子們還是小嬰兒的時候起，我就和他們一同看書。還沒學會抬頭的嬰兒，眼睛看得也不是很清楚。最初我也是半信半疑：「孩子真能理解嗎？」

但是，**就連小寶寶，也會被顏色鮮豔的繪本強烈吸引住！**他們的眼睛追著我手上的動作看，又想用手摸一摸紙頁。當我讀出聲音時，他們還會跟著發笑，或是露出驚訝的表情。等到孩子開始學會說話時，我發覺他們已記得書的內容，會跟著我一起唸書上的字句！

不知不覺，孩子會自己拿起書本看裡面的畫，或拉著我，要我給他們讀。

自從孩子出生以後，我家到處都是書。有買來的，有借來的，有新有舊……為了不使孩子膩煩，我準備了各種書籍。每個孩子喜歡的書都不同，令藏書的數量不斷增加。

全家人星期天一起去書店，購買各自喜歡的書，然後在咖啡店邊喝咖啡邊閱讀，已經成為我家的一大樂趣。我們很重要的交流方式，就是互相聊聊讀過的書，或者交換著看。這樣做的結果就是，我家三個兒子變成了名副其實的「書蟲」。

想讓孩子學會認字，可以使他們通過遊戲，**享受自己學習文字的樂趣**。當孩子能夠以快樂的方法學習時，認字就不再是一件苦差，同時記憶也能更加牢固。

我為了幫助兒子認字，在家裡牆壁上貼了一張我自創的日語字母表。每個字母下面都有一個相對應的、十分細小的圖畫，原理就像學英文時的「A for apple」，畫顆蘋果那般。

一開始，我牽著兒子，湊近給他看字母和圖畫，覺得差不多應該記住了，就盡量讓他離牆壁遠一些，接著問他：「那個字是什麼呀？」如果他說不知道，就對他說：「靠近看一下就知道了。」然後讓他自己走到字母表旁邊。他一看到圖畫，聯想出是哪個對應的字，就會恍然大悟，興奮地喊出正確答案。

記不起來，就讓孩子自己走過去確認。**這樣孩子就不會覺得是別人教他，而是自己學會的。**通過這種方法，孩子一下子就學會了日語和英語的字母。

中文字也可以用同樣的方法，孩子一邊玩，一邊學習，用自己的速度自學，這是最好的學習方法。

另外，讓孩子記住「迎合時代的文字」也是必要的。自己國家的語言當然要懂，如今英語作為世界共通語言，也是必備的技能。而且在這個時代，不單單是文字，電腦程式設計的符號——「coding（程式設計語言）」也成了一種語言形式。在歐美國家，有的地方從小學開始就有程式設計課。

我建議家長，除了學習英文外，不如走在時代前沿，讓孩子學習程式設計吧。孩子們從小接受訓練，現在我家二兒子和小兒子也能讀寫程式設計語言，對專業和學習都有很大的幫助。

文字是跟著時代變化的。程式設計語言既是未來的語言形式，也是使電腦運行的文字，對於未來的成年人來說，應該是必須學會的。

文化和技術，也是通過文字不斷發展下去的。為了讓孩子緊跟時代的步伐，過上充實的人生，**請不要令自己的孩子討厭文字**。

兒子說

我們三兄弟之間，實際上我最不擅長看書。兩個弟弟幾乎每天都讀完幾百頁厚的書，而我的話，還是更喜歡讀短篇、圖鑑或者雜誌、報紙之類的。也許實際的資訊量並沒有多少不同，如果有看到特別在意的內容，我也會一個不漏地查個底朝天，這一點從小到大都沒有改變。

只要出現了感興趣的事物，自然就會喜歡上文字。一旦對父母和學校裡的朋友都不瞭解的事物產生興趣，不管是通過書本還是網路，自然就需要從文字資訊中獲取知識。

反過來想想，我父母使我喜歡上文字，也成了我好奇心的來源。

7

不要在孩子向你提問時說「等一下」

子供の質問に「ちょっと待って」と言ってはいけない

每個孩子的好奇心都相當旺盛。一有不明白的，就會一直拋出問題，而且大多是挺難回答上來的，例如：「為什麼大海是藍色的？」「為什麼動物會死？」「為什麼地球是圓的？」「為什麼鳥會飛？」

有些孩子，長大後依然喜歡問問題，充滿好奇心。另一方面，也有些孩子，不知從什麼時候開始，對任何事都毫不關心了。他們為什麼會變成這樣的呢？分歧點在哪裡？

我想，問題的原因，**是出在孩子提出問題時，大人回應的方式上**。

孩子們都是天真無邪的，遇上感興趣的事物，就會「打破砂鍋問到底」。這時候，**如果大人積極回答的話，孩子就會學到「提問題是件好事」**。

相反，如果父母採取消極的回答，例如「等一下」、「現在很忙，一會兒再說」、「那種事情我怎麼知道啊」等等，孩子就會覺得「提問會麻煩到人」，以後再有不明白的事情，也漸漸變得不想提問了。

還有，如果大人回答「連這種事情都不知道嗎？」之類，讓孩子覺得自己被取笑的話，孩子就會想「不知道是很可恥的」、「一問問題就會吃虧」。以後別說提問，說不定更會將不知道的事情隱藏起來。

如此反覆下去，孩子的好奇心就會被擊垮，對任何事都漠不關心了。

對什麼都不感興趣的孩子，IQ 和學習能力都會下降。不提出問題，不懂的事情就會一直不懂下去。好不容易有了獲得知識的機會，卻眼睜睜看著它溜走。長此以往，學習能力會下降，獲得知識時的喜悅也會減半，體會不了與別人一同學習的樂趣。

我希望自己的兒子們能夠「每事問」，所以，只要他們一提問，首先我肯定會表揚他們說：「問得真好！」而且，**即便手頭在幹其他事情，也一定會停下來，認真地聆聽孩子的問題**。

如果是當場就能答上來的問題，我會立刻解釋給孩子聽；如果是當下不知道答案的難題，那麼就算要中斷手頭的工作，我也會和孩子說：「我們一起查查看吧！」然後饒有興致，熱心地和孩子一起尋找答案。

當找到答案之後，和孩子一同歡呼雀躍，並表示感謝：「真是謝謝你向我提問哦！**媽媽也學到新知識呢。**」

這樣做，孩子就會記住「提問是件受歡迎的事」，從而不斷提出自己的疑問。

作為父母，絕對不要嫌煩，通過和孩子一起解開各種「疑難雜症」，他們會變得越來越博學多聞，真切體會到獲得知識的樂趣。

激發孩子的提問能力，並且促使他們提問，是父母的責任。這樣能讓孩子的好奇心不斷膨脹，知識也會變得豐富起來，讓孩子覺得「**活著可以與新鮮事物相遇，是開心的事情**」，從而幫助他們**走上積極向上的人生道路**。

所以，如果下次你的孩子再提出問題，即使你正在做菜，請先把火關了，看著孩子的眼睛，表揚他：「問得真好！」

「為什麼大海是藍色的？」「因為大海像鏡子一樣把藍色的光反射出來。」「為什麼會這樣呀？」「因為海水會吸收除了藍色以外的光。」「那又是為什麼呢？」「光有周波數，而水會大量吸收周波數長的光。」「怎麼會這樣的？」

……就像這樣，對於孩子的提問，父母從第四個問題開始談到量子力學，然後第五個問題就被迫要用哲學來解釋了。這種時候，重要的是不要漠視他的問題，再來就是告訴孩子「大人也有不知道的事情」。如果不知道，之後只要好好學習就行，一點都不用感到羞恥。我小時候，真的經常和母親一起調查了不少難題呢。

尤其如今這個時代，在網上一查馬上就能找到資訊。如果養成了有疑問就立馬調查的習慣，孩子長大以後，不就能變成不斷學習和進步的人了嗎？

絆

Communication

所謂家人，並不是因為有血緣關係才稱之為家人。所謂家人，是只要一想到他們，心裡邊就會暖洋洋的。

父母一定要告訴孩子，家人即是「信賴」、「愛」、「安心」的代名詞。這在以後會成為引導孩子走向幸福人生的重要基礎。對於父母的人生來說，也是最好的褒獎。

8

不要只想聽孩子的話，自己卻不願說

一方通行で子供の話を聞いてはいけない

有時候，當你問孩子：「今天過得怎麼樣啊？」他們會回答你「沒什麼」、「一般般」，不跟你說真心話。我想，這是因為作為父母的你，只是想單方面聽孩子的話，忘記了談話是雙方面的。

想要孩子跟你說話，**那就必須由自己先開口**。親子溝通是雙向的，這是最基本的一點。如果想要聽孩子講這一天發生的事，就要先說說自己的一天是怎麼過的。父母積極講述有關自己的話題，會令孩子更容易開口，自然就願意說出自己的事情。

「今天媽媽參加電視節目的外景，是去釣魚哦。釣得比專家還多呢，厲害吧？那你呢，今天過得怎麼樣？」當我這樣問孩子之後，孩子也敞開心扉：「馬上要到班級發表會了。媽媽你覺得這個題目怎麼樣？」

「今天媽媽在演講會上，講了參加聯合國兒童基金會的視察活動時，遇到的非洲小朋友的故事哦。」像這樣先聊聊自己的事情，對話就能繼續下去，孩子也跟著說：「那下次媽媽也來我們班裡說給同學聽吧。」

如果父母對孩子報告每天發生的事情，孩子也會願意向父母報告他自己的一天。**互相瞭解對方每天過得如何，會令親子關係變得非常穩固**。

知道孩子日常是怎樣過的，一旦發生什麼問題，父母就可以盡早察覺，**也能理解孩子的心理和身體狀態**。如果和孩子無法有效溝通，那麼，即使孩子在學校或者和朋友之間發生了什麼不快，父母也無法立即幫助處理。

因此，**需要有意識地製造出孩子容易傾吐心聲的場景**。

像我的話，就經常拿自己的問題和煩惱與孩子們交流。

「媽媽今天本來想講得更好的，但是失敗了……」「沒關係的，媽媽。我今天本來也想跑更快的，結果還是沒能辦到嘛……」諸如此類，通過向孩子傾訴自己的煩惱，孩子也會和你說說他的煩心事。

我重視和孩子們保持對話，對他們說：「無論什麼事都可以和媽媽說的，媽媽會細心聆聽你的話。發生什麼事，我們可以一起思考，不要一個人藏在心裡煩惱哦。」

父母是無時無刻都在想著孩子，擔心這擔心那，時刻都做好了與孩子談心的準備。如果能把這份心思傳達給孩子，孩子會更加有勇氣向你傾訴。

如今，我家兒子們更會反過來說：「媽媽，你要是有什麼困難，隨時和我們說，因為我們是一家人。」雙向溝通的通道，確實在我們之間打通了。

從兒子們小時候起，我就會把自己的朋友介紹給他們認識。這樣做以後，孩子們也會把他們的朋友介紹給我。

比如，我向孩子介紹某個朋友時說：「○○叔叔有一個雙胞胎兄弟哦！」孩子回答我：「我們班級裡也有雙胞胎的同學喲！」然後真的在後來的某一天，他把他的雙胞胎朋友介紹給我了。

再比如我說：「△△阿姨的爸爸生病了……」孩子接著回我：「啊，□□的爸爸現在也在住院呢……」

作為父母，一定會很關注自己的孩子在交什麼樣的朋友。一方面我把自己的朋友介紹給孩子，另一方面，也更加積極地瞭解兒子們朋友的情況。當然，我並不會進行多餘的干涉。但是，事先瞭解孩子在交什麼朋友，和朋友們的性格，我會覺得安心一點。

慢慢地，我和兒子的朋友們也變得熟絡了，多了不少年輕的聊天對象。在我的朋友圈中，也有和我兒子關係特別好的人。像這樣交到「忘年交」，真是一件幸福事。

除此以外，我和兒子們也會聊聊最近在讀什麼書啦，在聽什麼音樂啦，經常保持交流，互相推薦喜歡的作品。通過這麼做，**自然就能瞭解孩子腦子裡到底在想什麼，對什麼事物感興趣**。而且最重要的，是能互相加深理解，增添愉快時光。

如果只是想單方面聽孩子的事情，就表示父母還是把孩子當成小孩子來對待。父母與孩子對等溝通，孩子也會向父母敞開心扉，理解大人的心情。

無論年齡多小的孩子，都要把他當做一個人來對待，這是很重要的。

兒子說

我覺得我和母親的雙向溝通，從某種意義上來說，是一種報告的義務。不光是去上學，也不光是和朋友玩，我為了向母親報告，還會在每天的生活中找各種話題和結論。不可思議的是，通過這樣每天都在尋找話題，不知不覺間，感覺每一天我都能帶著目標去行動了。

另外，這和前面說過的「不能把孩子當成嬰兒對待」也有關係。很小的時候，我就經常能大大方方地聽到父母聊工作方面的事情。當然，當時那些合同、負責人之類的話，我還不是很理解。但到了今天，那時掌握的溝通能力，在我工作中或與人交往時，感覺確實起到了作用。

9

不要在孩子自己提出之前跟他們分床睡

子供が望むまで別々に寝てはいけない

心理學家經常說：「嬰兒和母親一起睡，感受母親的氣味和溫暖，就能安心入眠。」以前東方的習慣，是父母和小孩一家三口呈「川」字形睡在一張床上。這是個非常好的文化，然而隨著西方文化的滲透，如今嬰兒和父母分開、獨自睡在嬰兒床上的情況，已經非常普遍了。

和父母分床睡覺的習慣，真的對嬰兒有好處嗎？什麼時候開始和孩子分開睡最好呢？稍早以前的美國，流行讓孩子獨自一個在床上睡覺，以培養孩子的自立心。但是，最近的研究證明：「**孩子和父母一起睡，對他們的身心成長有幫助。**」

特別在嬰兒時期，我建議父母和孩子睡在一起。

和寶寶一起睡，他們肚子餓了、尿布濕了，感覺熱或者冷，甚至發燒的時候，**父母能立刻發現，也就可以盡早處理問題**。

母親從生理本能上來說，也尤其擔心寶寶。一旦分床睡，就會陷入不安，睡得不踏實。但是只要母子睡在一起，就可以緩解緊張感，和嬰兒一同安穩入眠，大人小孩都能睡好。

像我的話，就是在兒子提出想獨自睡覺之前，都保持一起睡的習慣。

我家三個兒子都是在六歲左右提出「想在自己床上睡覺」的。在此之前，都和我睡同一張床。多虧如此，孩子們極少做噩夢，也不會尿床。在床上，我們會玩許多遊戲，聊很多話；我會給他們唱許多童謠和搖籃曲，而且還讀了不少書。

在床上，我們一起歡笑，一起流淚，一起歌唱，一起遊戲，製造了許許多多的美好回憶。**那張床是所有家庭成員都可以安下心來的地方，也是一家團聚的地方**。

和孩子一起睡，實際上對於沒有充足時間帶孩子的父母而言，也是**最簡單直接地表達愛的方式**。

「沒有時間和孩子在一起……」由於全職工作，許多父母都陷入這樣的煩惱中。但是，無論多忙的父母，應該都能和孩子一起睡吧？**孩子只要和大人一起睡，就能在無意識之中感受到**

父母的存在。僅做到這一點，**就能傳遞給孩子父母的愛**。

早晨醒來，見父母在身旁，孩子就能切身感受到「被保護著」、「被愛著」。因為這是父母向孩子表現愛的最直接和簡單的方式，所以，在孩子自己提出希望之前，沒有必要分床睡。

等孩子長大一點，他們自然會想要屬於自己的空間，父母不用擔心沒法培養他們的獨立心。分床睡的時期，因不同孩子而異。有的孩子很早就想自己睡覺，有的孩子直到七八歲仍然想和父母睡一張床。

無論怎樣，孩子早晚都會自己提出分開睡的。**在那以前，我們就以孩子的願望為先吧**。

兒子說

睡前的時間對家人來說，無疑是很重要的。我父母每晚睡前，都會給我講自創的睡前故事。媽媽想了一個充滿正能量的冒險故事《企鵝物語》，而爸爸則完全是喜劇路線的《大放屁，屁太郎》。兩個故事都非常好玩，每天晚上聽他們講故事，是一天當中最大的樂趣。

對我來說，家庭這個空間，是能讓我開心、興味盎然，感到安心又溫暖的環境。一個小孩子，一個人，只要有家人在身邊就能滿足，這難道不是最棒的幸福嗎？我們家的大床，可以說正是這種幸福的象徵。

10

不要對孩子不守諾言

子供との約束を破ってはいけない

對孩子的承諾，絕對不能打破，否則孩子就會認為「爸爸媽媽說謊了」。孩子是從父母那裡學習信任他人的，如果父母說謊，孩子就會失去對人的信任，**自己也變成一個不遵守諾言、撒謊的人**。

如果想讓孩子成為誠實的人，作為父母，絕不能隨隨便便許下無法遵守的承諾。一旦許下承諾，就一定要遵守。

比如，明明之前說過「下個假日，我們一起去踢足球吧」，可到了那天卻用「昨天爸爸喝酒喝多了，早上起不來呀」等理由失約，孩子就不願意相信別人了。

哪怕是為了讓孩子知道，父母是可以信賴和依靠的，再小的承諾都必須遵守。即使在大人眼裡不是什麼重要的事情，對於孩子來說就是個大問題：「我都盼著和爸爸踢足球那麼久了……」孩子會感到失望，心裡所受到的傷害，超出大人的想像。

而且，下次父母再做出什麼承諾，孩子也會懷疑。這樣的事情反覆發生的話，不光是對父母，孩子甚至再也不相信任何人了。

如果碰到實在令人無法遵守承諾的事情，一定要誠心道歉，並和孩子耐心解釋。比如可以說：「爸爸不想和你說假話，但是真的發生了使爸爸遵守不了承諾的事情。真的對不起啊。」需要這樣解釋，直到孩子接受為止。

和孩子們之間的承諾，我肯定會遵守，到現在為止，基本上沒有打破過。但是，要守約也是相當辛苦的。

例如每年兒子們的生日，我都會親手做生日蛋糕。如果因為工作而晚回家，就算通宵也要做好。因為我覺得，只要做過一次承諾，再累也必須遵守。

我把孩子們哄睡著之後，半夜裡開始做蛋糕。我家三個兒子，每個人每年都有不一樣的要求，有時還相當刁鑽：「今年我想要恐龍造型的蛋糕。」「我喜歡長頸鹿！」

無論我多麼努力，也總有失敗的時候。如果失敗了，我會不斷重新做，有時要到第二天早上才做好。即便如此，只要看到孩子們歡喜的笑臉，所有的辛苦都是值得的。

再比如，萬聖節的時候，小朋友會穿上各種服裝扮演不同的角色，而我每年都會親手做服裝給孩子。孩子會提出各種要求：「我想要變成牛仔！」「我想當警察。」有時我提前好幾天開始製作，還是只勉強趕得上。

雖然很累，但這些犧牲了睡眠時間才守住的承諾，孩子們如今依然清晰地記得，成為一份美好的回憶。

父母的努力，孩子們一直都看著。看到大人們努力的樣子，我想他們一定會相信：「**就算再艱難，媽媽也肯定會遵守和我們之間的承諾**。」而這份信任，會在孩子的人生裡給予他們巨大的支持。

如果身邊有自己從心底裡可以信賴的人，每天都能安心地生活。作為父母，是否能成為這樣值得信任的人，就全靠大家每天的努力了。

兒子說

堅守諾言，不僅能加深親子間的信任，還可以加深孩子對父母的理解。母親徹夜給我們做蛋糕的時候，不光意味著她遵守了我們之間的承諾，也讓我感受到她雖然很忙，但仍然為了我們拚命努力的心意。

如今，這也成為我對待重要的人的標準。當然首先是「不撒謊」，「努力遵守承諾」的態度也很重要。同時我也學到了一點，那就是如果你真的重視對方，並為此付出努力，這份心意對方一定會接收到的。

順便一提，母親做的蛋糕非常厲害。特別是那綠色的恐龍蛋糕，真是無與倫比的傑作。

11

不要小看自家的獨特「暗號」

我が家独特の「暗号」の力を軽く見てはいけない

有一種說法，指人類是通過「歸屬感（belongingness）」去體會自己的價值，從而擁有生存意義的。

我不是孤獨的，我有朋友，有需要我、愛我的人。這樣的心境，會給**人活下去的勇氣**。如果失去這份心境，人會變得自暴自棄，不會好好珍惜自己或他人。

因此，「羈絆」非常重要。

對任何一個人來說，所屬的最基本的團體就是「家庭」。

孩子並不能自己選擇去屬於哪一個家庭，正因為這樣，才需要父母的努力。孩子出生以後，在養育的過程中，讓他們心甘情願的成為家庭的成員。

即使血脈相連，現實中也有關係不深的家庭。真正的羈絆，是一家人每天一起生活才會形成的。**家人間互相依賴，從而產生夥伴意識。相互關心，從而產生親情。**

那麼怎樣做，才能增強家人之間的夥伴意識呢？我建議可以從創作只有家人才明白的「**暗號**」和「**有趣的慣例**」開始。

我覺得我們家的夥伴意識算是比較高的。但這不是自然形成的，而是因為我有意識地創立了許多只有我們家人才知道的「暗號」和「有趣的慣例」。

在兒子們嬰兒時期，我經常會抱起他們，跳起舞來。轉著圈圈，邊唱「Chachachaa, jonbarakacha」邊跳。這沒有什麼特別的意思，不是日語也不是中英文，只是有節奏地重複唱而已，連我自己也不知道為什麼會選這句話。

我家三個兒子也會像唸咒語一樣，嘴裡一邊重複這句話，一邊跳起舞來。對他們來說，這就像搖籃曲一樣，至今都記得很清楚，一提起這句話，大家就笑得十分開懷。

我長年擔任聯合國兒童基金會大使，為了瞭解世界各地孩子們的現狀，每年都要去一次國外視察。當我出任務不在家時，每次我都會給孩子們做一個「驚喜包包」。如果是出門十天不回來，每個人每天一個包包的話，一共得做三十個。

我會事先放些小玩具、書、零食等在「驚喜包包」裡，然後交給日本的工作人員，拜託他們每天藏在家裡某一個角落。孩子們一起床，會先開始找「驚喜包包」，期待著打開看裡面有什麼。這成了我們家三個孩子最愛的習慣。

「就算媽媽不在，我們也不會難過。」「看到包包裡的東西，一天就很有幹勁。」如今時不時回憶起這事，兒子們都會很是懷念地和我聊起來。

另外，我還會創作許多只有我們家人才會玩的遊戲。比如文字接龍的時候，會定下例如「只能接漂亮東西的詞」、「只能接臭臭的東西的詞」等規矩，下各種功夫使遊戲變得更有趣。

還有每年舉辦一次「餃子大會」，比賽誰吃得最多餃子，搞一個「大胃王競賽」。

每年感恩節時，大家會聚在一起烤許多南瓜派。派的餅皮是用弄碎的餅乾做原材料的，兒子們幫忙把餅乾裝進塑膠袋裡，然後「咚～咚～咚～」地砸碎，花一整天幫我完成這個任務。做好的南瓜派會派給朋友，或帶回學校和同學分享。當晚我會烤一整隻大火雞，填入火雞肚子裡的餡料是栗子或蘑菇，也是大家合力製作的。火雞每年都吃不完，剩下的雞肉會用來做三文治，孩子們常說：「三文治才最好吃呢！」

新年也有特別節目。我家有個規矩，元旦那天每個人從頭到腳都要穿新的，因此我們習慣新年前一同出去購物。就連內褲和襪子都要買，是很大的工程！「這下一整年都不愁穿了呢。」可以說，這是我家每年必不可少、肯定會遵守的習慣。

另外，一年裡的最後一天，會讓孩子們通宵。「小孩在年末最後一天遲遲不睡覺，父母才會長壽哦。」大家一起吃過年麵，看電視，聊天，玩遊戲，一直到深夜。這也是我們家的慣例之一。

我家也有各種秘密暗號。一提到「〇〇〇」，就會回答「△△△」。這些暗號，至今已經成為了我們在不同地方使用的密碼。每次輸入這些只有家人知道的密碼，就能感受到家人之間的羈絆。

這種幸福的感覺，不是語言可以表達出來的。**如果家人之間有共同的習慣、只有家人才知道的規矩，那麼互相之間的關係也就更深**。不知為何，心裡也會變得暖洋洋的。

「我不是孤獨的。」「家人的羈絆會守護我。」就算爸爸媽媽不在身邊，這樣有趣的習慣、秘密的暗號，也一定會**永遠留在孩子們的心中**。

請你也嘗試創作只有自己家人才懂的「慣例」和「暗號」吧。我相信一定會在孩子心裡留下很美好的回憶。

兒子說

我家是香港和日本結合的國際家庭，而且母親有留美經歷，因此我們的慶祝節日很多。從日本新年開始，春節、立春、女兒節、復活節、七夕、盂蘭盆節、中秋節、萬聖節、感恩節、聖誕節，每月舉辦各種節慶活動。再加上家人過生日之類的，雖然很開心，但也真的很忙。

家人之間的「暗號」，也許正是像這樣根植於家人心中的共通「文化」和「傳統」吧。日本和中國的節慶祭典、習慣，讓我感受到身為日本人和中國人的驕傲。家人之間的慶祝、習慣，讓我體會到身為家庭一員的自豪。

通過將這樣的家族「傳統」代代相傳下去，我覺得能使家人們的關係更融洽、穩固。

習

Learn

孩子一般都非常喜歡學習。

學習即是生存，人如果不學習就無法生存下去，所以不管什麼樣的孩子，天生自然就擁有學習的欲望。

要使孩子更積極、更快樂地學習，作為父母可以做的事情有很多。只要花一點點功夫，孩子就可以發揮出自己的能力。

12

不要把學習與遊戲區別開來

勉強と遊びを区別してはいけない

不能給孩子造成「學習是辛苦的，遊戲是快樂的」這樣的印象。我一直希望讓孩子覺得，**學習和玩耍都是開心的**。

比如和孩子說「做完作業再玩」的話，相當於告訴孩子，做作業是必須完成的「辛苦的義務」，之後會有「快樂的獎勵」——遊戲等待著他。所以我一直對孩子這樣說：「學習是很開心的。做作業和玩耍是一樣的哦。」

「獲得新知識是很有趣的。」為了培養孩子想要學習更多、知道更多的心態，**最重要是讓他們以遊玩的感覺來學習**。

怎樣做才能養成自主學習的習慣呢？

關鍵在於使孩子們實際體會到學習的樂趣。

孩子小的時候，我為了讓他們記住水果、魚、花的名稱，會故意說錯。比如一邊吃橙一邊和孩子說：「這個香蕉真好吃呢。」這時，孩子會立馬給我糾正：「錯了，錯了！這是橙呀！」

接著我們就會順勢聊許多關於橙的話題。這樣一來，橙的知識就能深刻地留在孩子的頭腦裡。

此外，像動物園、水族館、美術館、博物館、科學館，我們家都經常去。**看一看、聽一聽、摸一摸、聞一聞，有時還會嚐一嚐**，通過這樣做，孩子學習起來非常快。我就是這樣一邊玩遊戲，一邊使孩子掌握知識。

等孩子稍微長大一點，幫助他們記憶的方法也得相應改變。例如學習地理時，我和孩子經常玩這樣的遊戲：參加者想到什麼國家名稱，就輪著往下說。說到出現重複的國家名而說不出新的人，就算輸了。通過這個遊戲，孩子們能記得越來越多的國家名字。

接下來提高難度，互相說各國首都的名稱。再往後，還可以說各國元首名字，看國旗圖片猜是哪個國家，等等。諸如此類，以遊戲的感覺讓孩子們汲取知識。用這個做法，孩子們不會覺得煩悶，不知不覺就會愛上學習。

在學校裡的學習其實也是一樣。我為了使孩子們更開心地做作業，下了許多功夫。在做漢字測驗的練習時，我使用了自創的獨特記憶法。「『羊』變『大』，就會很『美』哦。」「把『米』『分』開來，就會變成『粉』哦。」等等，將漢字立體化，以遊戲的方式讓他們記住。測驗之前，我會以遊戲的方法和兒子們競猜出題的範圍：「如果你是老師，想想看明天會出什麼樣的問題呢，我們來猜猜看！是媽媽猜對，還是你能猜中呢？好期待喲！」

我們互相出題目，嘗試答問題，在這過程中，孩子不僅可以複習，還能讓他們自己考慮問題的答案。考試那天，他們還十分期待，看看是自己還是媽媽猜中，令考試也變成了遊戲的一部分。

每天堅持這樣做，漸漸會令孩子覺得「學習原來這麼好玩！」「獲得新知識原來這麼令人興奮！」孩子的求知欲會不斷提高，怎樣算是學習，怎樣算是玩耍，就再分不清了。**這正是理想的學習形式**。學習也好，遊戲也好，都非常開心。一旦孩子不再區分學習和玩耍這兩件事，就說明成功了。

將小學時期的學習內容立體化，一邊讓孩子玩耍一邊教他們，並不是一件難事。只要付出一點點努力，收集教科書上沒有的資訊，很容易就能使學習變得更有趣。只要讓孩子感受到學習的樂趣，即便他們之後進入初中、高中，成為大學生，走入社會，他們也能**自己主動不斷地尋求新知識**。

因此，從孩子小時候起，盡可能不要把學習與遊戲區別開來，這是很重要的。

我們家確實有許多只用講話、手勢、動作來玩的遊戲。到現在我們兄弟聚在一起的時候，人高馬大的三個人還是會邊玩動物單詞接龍，邊暢快喝酒，或者在排隊時玩手指相撲。因為我們兄弟之間的競爭意識挺強的，以前為了遊戲能贏，我記得大家私下還會偷偷練習呢。現在我才知道，原來這也是母親育兒方法的一環。心情雖然有點複雜，但不管怎麼說，最終我們孩子玩得開心，也就無所謂了。

兒子說

雖然說不要把學習與遊戲區別開來，但事實上，學校的作業我是普通地應付的，也從沒覺得學習很辛苦。母親經常對我們說她很喜歡學習。十四歲以歌手身份出道，十七歲來日本，所以學習這件事對母親來說並不是什麼痛苦，某種意義上更是一種珍貴的權利吧。面對有如此經歷的母親，我更覺得自己沒有資格抱怨「不想做作業」。

13

不要只重視結果

結果だけを重視してはいけない

有句話是這麼說的：「好的結果勝於一切。」可是真是這樣嗎？

在得到「結果」之前，應該還有朝著目標努力的「過程」才是。從教育學的理論來說，最關鍵的其實是過程。**我們是怎樣學習的？是怎樣獲得結果的？在這個過程中，有沒有什麼值得評價的點**？

最近，教育理念比較先進的學校，不僅會看學生的答案，還將學生如何得出這個答案的過程，也一併作為評價的對象。

然而現在，還有許多學校仍處於「重視結果」的階段，成績不好的學生就被認定為「差等生」。慢慢地，有些孩子就會覺得「反正自己不行」，自暴自棄。

這時候，作為父母應怎麼辦呢？

首先，請父母告訴孩子，**為什麼會有考試這個制度**。

在人類歷史中，普及教育實際上是直到最近才實現的。想上學的孩子很多，但學校數量卻不足，因此需要甄選優秀的孩子，分數好的孩子才能得到受教育的機會，形成了考試制度。換言之，**考試是以前挑選出優秀孩子最直截了當的方法**。結果，孩子們不同的優點被忽略，只有分數高的孩子得到認同。但是，這並不是挑選人才的最佳方法，因為**本來就不應當只重視結果。但現實和理想並不一樣**。

「一個人真正的優點，僅僅通過考試是不會瞭解的。但是，如果不達到最低的分數要求，社會就不會認同你。要是不能升學，長大之後就做不了自己想做的事。所以反正一定要考試，那就快樂地學習吧。」像這樣和孩子解釋，讓他們理解這不合理的現實，和結果不代表一切，然後一起學習。

而且最重要的，是讓孩子喜歡上學習。**並不是只追求高分，而是應該好好理解內容，快樂地學習**。前面我也說過，通過立體化的學習，孩子會覺得學習很開心，從而自己主動去做，在遊戲中學習。

父母要經常確認，孩子是否真正理解清楚學習的內容。

不要向孩子發火：「六十分！為什麼你不再好好努力一下呢？」而是和孩子這樣說：「六十分！說明你學會了六成啊。那剩下四成是什麼呢？我們來查查看吧。」然後與孩子一起複習他沒搞清楚的內容。

明明有不明白的地方，置之不理的話，接下來的課程不懂的就更多了。這樣下去，成績會越來越差。小學階段的學習，父母應該是有能力教的。**徹底找出孩子不明白的地方，然後解釋到他們理解為止**。

眼前的分數並不是問題，**關鍵是有沒有真正理解學習的內容**。若孩子理解了內容，並且樂意主動追求更多知識的話，那麼孩子就會喜歡上學習，自然也就越來越自信。如果喜歡上學習，考試成績也會順勢提高。

最最重要的，**是找到孩子擅長的科目**。孩子如果有喜歡的科目，就會很樂意學習。

對於「喜歡小朋友，以後想當保育員」的孩子，可以嘗試對他說：「想要成為保育員的話，應該學什麼呢？」這麼一來，孩子就會朝著自己的目標，調查該學習什麼，變得熱衷於學習。

對於「喜歡旅行」的孩子，可以對他說「那就學習地理吧」，或「學人類學也不錯呢」，使他對異域文化、人類歷史等產生興趣。

如果孩子說「喜歡火車」，可以告訴他除了世界各地的鐵路之外，和交通工具相關的職業也都調查一下，讓他學習這方面所需要的知識。

喜歡的事情，自然就會變得擅長。想要孩子自發學習，首先要找出孩子的喜好。而且，孩子在擅長領域上的學習成績提高，擁有自信以後，**其他領域的學習成績也自然會跟著變好**。

在運動方面，有些父母或老師也是只重視結果。運動原本的目的，是鍛煉出健康的身體。但總有些教練和父母只是追求優秀的成績，認為比起孩子的身心健康，傾盡全力獲得勝利更加重要。

「沒有獲勝，就沒有任何意義！」「為了團隊，一定要取勝！」「加油！不許輸！」像這樣每天被唸叨，當輸掉比賽的時候，孩子就會產生「自己沒有價值」的想法。這實在太可惜了。

請告訴孩子：「做運動是為了使身心健康，勝負只是隨之而來的結果。」「**身體健康，交到朋友，還有大家一起努力的時光，這樣就已有足夠的價值了**。所以勝負並不代表一切。**你的努力絕不會浪費**。」

只看結果的評價方法，到頭來只會培養出許多毫無個性的、相似的人。今後這個世界，無論是 IT 還是技術革新的領域，正得靠擁有一技之長的人發現新事物，創造新價值。正是因為這是一個需要這種人才的時代，父母要挖掘出孩子擅長的領域，然後不斷給予培養。

兒子說

考試這回事挺不可思議的，有的人就算不怎麼學習，照樣能取得好成績；但有的人考試成績再優秀，出了社會卻得不到成功。也就是說，雖然測驗或者入學考試這個過程，是打開未來之門重要的一站，但它本身並不能為你的將來作任何保證。正因為這樣，學習也好，運動比賽、工作也好，重要的是分清社會認同的評價，與自身可以接受的結果之間的差異。

回首過去，我以前為了考試，學習還是挺認真的。偶爾我也試過沒有考到好分數，但是，我父母從沒有因為這樣而對我生氣。當然，因為沒有預習才沒考好的情況除外。

隨著年齡增長，每個人都要由自己來決定「結果」和「成功」的定義。現在讓我想想自己的原動力在哪兒的話，我覺得就是基於父母對我的這句教導——「重要的不是結果，而是努力過後的成就感」。

14

不要勉強孩子上課外活動

習い事を無理やり続けさせてはいけない

最近的小孩子，要學很多很多東西。游泳、體操、鋼琴；上完補習班還要學芭蕾，甚至還有足球和棒球……很多孩子，在學校以外的日程非常繁忙。

趁孩子還小，讓他們多多體驗確實很重要。但是，當中也有孩子會對這些課外活動產生抵觸心理，抱怨著「不想去」、「不想練習」。這時候，還應該讓他們繼續學下去嗎？還是讓他們放棄呢？

「一旦開始做，就要堅持到最後，就算再辛苦也還是要繼續下去吧……」「可是，孩子明明不喜歡，硬要他們繼續學也好像……」家長的煩惱，我也能夠理解。

這時候，請父母和孩子商量：「你為什麼不想去呢？」「就只是討厭課外活動本身嗎？」「還是和一起上課的朋友相處得不太好？」「是覺得累，想減少一些課嗎？」「還是說有其他想做的事情？」等等，**仔細詢問理由之後再作決定比較好**。

如果瞭解到真的是不喜歡某個課外活動，那就不要再勉強孩子繼續下去了。因為孩子究竟適合學習什麼，父母和孩子都不一定清楚。因此，建議讓孩子嘗試上各種不同的課外活動，直到找出他真正喜歡的。

也有這樣的情況：原本是孩子自己提出來「想上」的課外活動，等開始之後卻馬上又說「不想上了」。

我家三個兒子有段時間也進入過棒球隊、足球隊。最初是他們自己說要去參加的，但進隊以後，又發現他們不喜歡，也不熱心。如果繼續下去，對於隊伍還是孩子，都沒有好處。於是我找孩子們談，讓他們退出球隊。比起硬勉強他們參加，不如讓孩子多花時間去找其他真正喜歡的課外活動。後來，孩子們換了學合氣道和羽毛球。這兩樣他們都很感興趣，一直學習到初中畢業，得到了非常珍貴的經驗。

我也一直有讓孩子們去學鋼琴，因為演奏樂器對於大腦發育有好處。但是，他們一點都不願意練習，完全沒有進步。但我沒有強迫他們練習。

當我仔細詢問孩子時，才知道他們並不是討厭音樂，而是相比起鋼琴，有其他更想學習的樂器。大兒子喜歡色士風，二兒子和小兒子喜歡結他。幸虧學過鋼琴，他們再學其他樂器時，就能順暢地演奏了。特別是二兒子，尤其喜愛音樂，還會自己作詞作曲，自彈自唱。

如果當初我堅持讓他們繼續操練鋼琴的話，說不定他們會變得連音樂本身都很討厭呢。所以細心觀察孩子們的愛好是非常重要的。

學外語，趁小時候開始是最有效的。

拿我自己來說，我在香港從幼稚園起就接受英語教育，結果自然而然掌握了英語。

從小開始學語言，孩子無意識間就能記住發音和語法。我家三個兒子的英語和中文就是從兩歲左右開始學的，英語非常順利就學會了。因為同時還在學日語，所以日語也沒有怠慢。因為學校沒有中文課程，中文方面進步很慢，但不知道是不是因為從小一直聽中文發音的關係，兒子們上了高中，在學校開始學中文之後，比第一次接觸中文的同學進步得更快。

如果想讓孩子學外語，我建議盡早開始，比如可以在家裡放外語歌、外國電影給孩子接觸也是一個辦法。

我沒有讓孩子上太多的課外活動，但我想讓兒子們學習折紙、剪貼畫、拋豆袋、童謠等傳統遊戲和文化，十分幸運地，我找到了一位這樣的老師，每週一次到家裡來為孩子上課。多虧如此，兒子們在陶藝、泡茶、做風箏等方面，雖然只是模仿的程度，但都體驗過了一遍。

孩子如果從小開始瞭解自己的文化，會增加自信心，懂得如何與外國人相處。這些經歷在孩子今後面臨人生的轉捩點、需要自己摸索出道路的時候，將成為很好的參考資料，也能變成他們的精神支柱。

在發現孩子真正喜歡的課外活動以前，請父母耐心地觀察孩子，傾聽孩子的心聲吧。

我覺得，如果可以的話，最好是由父母直接教孩子。只要是父母自己擅長的東西，什麼都可以教。由父母手把手教，將成為孩子非常美好的回憶，是一生珍藏的寶物。

當然，去補習班或教室上課也無妨。**但如果會給家計造成負擔，我還是認為沒有必要上太多課外活動。**

兒子說

我以前學鋼琴的時候，的確是疏於練習。現在想來，所謂適合自己的才藝，我覺得應該是自己「能學好的東西」。小時候，朋友圈裡有不少會彈鋼琴的孩子，更有好幾個彈得非常好。而我在吹奏樂社團的時候，玩色士風的只有兩位前輩。當時我想，這個我應該可以吹得不錯，於是便開始學吹色士風。

無論什麼領域，學習新事物的技巧都是很重要的。就算是沒能長時間堅持下來的課外活動，在過程中也能自然掌握技巧，比如應該怎樣和老師或其他學生相處，怎樣練習，怎麼保持學習動力等等，所以並不存在什麼無用功。

從父親那裡學會的釣魚，母親那裡學會的做菜，現在想來都是很重要的學習呢。話雖如此，鋼琴沒有怎麼練好，我還是覺得相當不好意思。沒能成為會彈鋼琴的帥氣大人，也讓我有點小後悔。

愛

Love

愛著他人，就是無論何時都希望對方幸福。
父母的愛是無私的，從不吝嗇自我犧牲。
但是，親情也是複雜的，有時也會處理不好，會因為愛而心煩，因為喜歡而痛苦。
但是，只要不忘記對孩子的愛，無論遇到什麼樣的苦難，都能跨越過去。只要相信愛的力量，育兒過程中就會不斷得到感動。

15

不要對孩子感到不耐煩

子供にイライラしてはいけない

在育兒時期，父母不知不覺就容易感到煩躁。就算明白不可以急躁，可孩子就是不聽話，也不好好睡覺，哭又哭個不停……

那麼，怎樣做才不會情緒煩躁呢？

無論孩子幹什麼，**我都一直抱著幽默感來看待**。

例如，孩子哭個不停，我就會感歎：「真厲害啊，能一直哭到現在。」

孩子不肯睡覺，我會說：「是不是今天沒玩夠才睡不著呀……那我們再玩一會兒！」乾脆就讓孩子起身玩個痛快。

孩子不聽我的話，我就說：「看，你不聽我話，說明你學會了新知識！好呀，有進步！」

諸如此類，**任何事都積極地看待，一笑置之的心態，正是使自己不煩躁的訣竅**。

有不少父母都為嬰兒晚上哭鬧而煩惱。

我以前也遇到過類似的煩惱。大兒子兩個月左右的時候，如果我不抱著他，他就不願意睡覺。給他喝完母乳，本以為已經睡著了，但一放到床上，他立馬開始哭起來。我再把他抱起來，又會好好睡了。我抱著他累了，和他一起躺倒在床上，他又會開始哭。如此反反覆覆，令我真的有點精疲力盡。那時我嘗試這樣去想：

「出去旅行坐車或乘飛機的時候，也會坐著睡覺呀。那我就當現在是抱著這孩子去旅行吧。」這樣想著，我坐在沙發上，想像自己坐在飛往夏威夷的飛機上，想像藍天和海灘。這麼一來，不知不覺我和寶寶都睡得香香的，一覺醒來就到了早上。

大人不煩躁，孩子也開心，親子都精神滿滿！這就是我的主意。

照顧二兒子的時候，遇到了「鼻涕事件」。

他兩歲時的某天，大家中午一起吃烏冬麵。當時正患感冒的二兒子打了個噴嚏，鼻涕流了出來，我就拿了張紙巾幫他把鼻涕擦掉。沒想到，二兒子猛地抓起那張紙巾，放進了我的烏冬麵裡！眼見這一幕，我連阻止都來不及，驚訝到說不出話來！看到我驚訝的表情，二兒子擔心地問：「怎麼了？媽媽，你怎麼啦？」我就一邊擺出悲傷的表情，裝作在哭，一邊對他說：「紙巾不能放到烏冬裡嘛！」二兒子回了一聲「噢」，一臉疑惑的表情，小腦袋似乎正在轉呀轉，想啊想。

接著，他突然想起什麼似的，笑臉盈盈地把自己的手伸進我的烏冬麵裡，一把抓起浸透了湯汁的紙巾。然後兩手拿著紙巾，竟然在碗裡絞出湯汁和鼻涕！他笑呵呵地說：「媽媽，沒關係沒關係，一點沒少，你看一點沒少喲！」原來，他以為我難過是因為烏冬麵的湯汁少了，多有趣的想法呀！

看著眼前這碗混入了鼻涕的烏冬麵，再瞅瞅兒子那張滿足的小臉，我忍不住噗嗤笑出了聲。二兒子催我：「媽媽，快吃，快吃嘛。」雖然我真的不想吃這碗麵了，但看到他的表情，我一邊回答「對哦」，一邊爽快地把烏冬麵津津有味地吃完了。

孩子的想法真是太有意思了！會開玩笑、搞小惡作劇，也說明了孩子正在成長。這樣來思考的話，父母就會輕鬆許多，也不會感到不耐煩了。

孩子會走路以後，跟父母一起出門，有的孩子會撒嬌「我要抱抱！」

我經常在路上看見有孩子一邊哭，一邊跟在父母身後。乍看大概會覺得這孩子挺任性的，但其實，只是因為孩子真的走累了而已。**和大人走同樣長的路，小孩子會累得更快**。其實家長不是狠心，相信因為大人也走累了，才希望孩子自己走，這樣的心情也不是不能理解。

也有的家長為了鍛煉孩子的毅力，教導孩子「要用自己的雙腳走路！不能撒嬌！」看著哭個不停的孩子，作為父母，肯定也會覺得很煩心吧。遇到這樣的情況，我是怎麼做的呢？**我會和孩子解釋，讓他來幫助我**。

二兒子出生後的某天，我帶著兩個兒子一起去公園玩。在回家的路上，三歲的大兒子玩累了，纏著我一定要我抱。畢竟正處於愛撒嬌的年齡，也是沒辦法的事情。

但是，那時我身上已經抱著睡著的二兒子了，不可能再把大兒子抱起來。於是我努力和大兒子解釋一番。「媽媽沒辦法一次抱你們兩個人，怎麼辦？」大兒子看著我，很快理解了。當我提出建議：「要不稍微休息下吧？」他立馬點頭答應。

我們在路邊找了一處不會妨礙路人的地方，三個人一起休息。我在自動販賣機上買了飲料，和大兒子一邊分著喝，一邊聊天。逗他笑笑，讓他恢復些精神，再問他：「現在能走了嗎？」這樣一來，他基本上都會回答我「沒問題」，然後繼續自己走路。

我還會和孩子一邊玩些小遊戲一邊走路，比如定這樣的規則：「不可以踩到石磚之間的接縫處哦。」「先發現花的人贏哦。」或者在回去路上的點心店，買一串丸子和一個紅豆飯團，一邊走一邊吃。

只要稍微轉變一下思路，**原本讓你心煩的事情，也能變成無可替代的快樂時光**。只要換一個角度，孩子的任何行為看上去都會變得很可愛。**只要心中充滿了愛，就不會有煩心的空間。**

孩子每天都以驚人的速度成長，父母不妨懷著幽默感，享受孩子的成長過程吧。

兒子說

關於「鼻涕事件」，我覺得應該關注的重點，是母親對著兩歲的孩子裝哭吧。談到親子關係，一般都會認為是父母單方面照顧孩子，很少向孩子展現自己的弱點。但是父母會在家庭以外的地方堆積壓力，感到勞累也是自然的事。這種「不想讓孩子看到自己有壓力」的心態，我想反而會令大人感到心煩氣躁。

但是，冷靜思考一下就會發現，孩子也是想慰勞父母，讓父母輕鬆一點的，因此父母不妨稍微放鬆一點，卸下心防，才能防止自己總是覺得心煩。

孩子方面，以家務或跑腿以外的方式成為父母的依靠，也會有成就感。瞭解到父母和自己一樣，是有感情的普通人，對孩子來說也是件好事。

16

不要偏愛其中一個孩子

兄弟に、愛情の差をつけてはいけない

作為父母，我相信大家都明白一個道理：「**對孩子們的愛，絕不能偏袒。**」但實際上，並不是那麼簡單就能做到的。

因為**就算父母認為自己沒有偏愛，孩子的感受卻未必相同。有的孩子比較容易感受到父母的愛，有的孩子卻比較難理解到情感的傳遞**。因此，當後者的孩子認為父母在偏袒其他兄弟時，孩子們之間可能會產生嫉妒心理。

為了讓孩子們保持良好的關係，父母對他們的愛絕對不能偏袒。如果孩子覺得父母對自己的愛不足夠，他就會感到自卑，甚至變得會反抗父母。這樣一來，親子間的交流變得越來越難，關係也會往不好的方向發展。

我就曾經幾乎被自己的二兒子誤解。

成為大學生的二兒子有一天竟然對我說：「從小我就沒得到過媽媽多少關注。」但在我眼裡，我對於三個孩子的愛都是平等的。

確實三個孩子裡面，二兒子不像其他兩個那麼讓人操心。但即便如此，我自問已經很注意要同等對待三個人了。然而，二兒子竟然有這樣的想法，也許真的是憋在心裡很久了吧……當我對他說：「絕對沒有這樣的事哦。」二兒子卻回應：「算了，算了。我也無所謂。」可我心裡仍然有點無法釋懷。

回想起來，因為大兒子是我第一個孩子，初次為人父母，餵奶、洗澡、上幼稚園，每一件事都是一次新的挑戰。從某種意義上來說，大兒子就類似我的「同志」一樣，我們無話不談，相互撫慰對方的不安，共同學習進步。

而輪到二兒子的時候，**由於我已經開始把握當父母的竅門了，比起和二兒子商量，有些時候會單方面地教導他**。而且，二兒子和大兒子之間只差三歲，我忙於同時照顧兩個孩子，也許疏忽了和二兒子面對面好好談心。

終於意識到這個問題的我，當二兒子主演的大學原創音樂劇，確定要進行世界巡迴表演時，我決定盡量陪他一起去。雖然不能去到所有的行程，但是在中國、韓國、美國等地的演出，我都請了假前去捧場支持。

一開始二兒子總對我說「不用勉強的啦」，但後來也慢慢向我敞開心懷。公演的休息時間，我會和他還有他的朋友一起吃飯，在酒店聊天，談了很多事情。

公演的全部行程結束，最後在紐約舉行了慶功宴。宴會會場上音樂響起，大家都開始起身跳舞。這時，二兒子向我走來，問我：「能和我一起跳舞嗎？」雖然我拒絕道：「媽媽不會跳舞呀……」但是他的朋友們立馬站起身鼓勵我「跳吧！跳吧！」於是，二兒子溫柔地引領著我跳起舞來，我感覺宛如做夢一般。結束時，二兒子對我說：「我非常理解媽媽了。一直以來似乎都是我誤解了你。我真的很感謝。Mom, I Love You.」

親子之間不知不覺產生的這條隔閡，終於得以填補，我高興到難以想像，淚流滿面。

所以說，即使父母認為自己對孩子們的愛是平等的，由於孩子的感受不同，也有可能會產生誤解。**有時候要確認一下自己的愛有沒有真正傳達到孩子那裡，如果孩子有誤會的話，一定要每次都認真解釋，清楚地向他們傳達愛意。**

父母是不是為了孩子在努力，孩子心裡非常清楚。即便不是那麼完美的父母，只要孩子能理解父母在努力地給予他愛，孩子就會受到這份愛的支持，擁有自信，堅強地生活下去。

有多個孩子的家庭，關鍵在於不要比較孩子們，要重視每一個人的心情。

「對自己孩子的愛，不可能會偏袒。你和你的兄弟姐妹，我都一樣愛你們！」請不要羞於表白，**無時無刻用語言、態度和行動表現給孩子們看吧。**

兒子說

我們三兄弟關係非常好。弟弟昇平比我小三歲，協平比我小十歲。協平出生之前，我也會和昇平吵吵鬧鬧，是比較典型的兄弟關係。但是自從歲數相差較大的弟弟出生以後，我和昇平都感到身上多了一份責任。我記得當時我們幫著弟弟換尿布，照顧洗澡，經常兩個人一起照顧弟弟。

於是，我和昇平之間那種兄弟的競爭意識消失了，感覺成了為照顧協平而組成的搭檔。而我們倆都會主動照顧弟弟，也正好證明了我們並沒有感覺到從父母那裡獲得的愛有什麼差別。

即便是家人，也很難把自己的愛表達給對方，會感到不好意思。我想我自己今後也要更加努力。

17

不要阻止孩子高中時期談戀愛

高校時代の恋愛は止めてはいけない

喜歡上別人，是再自然不過的事。人對異性抱有愛意，互相結合，才能延續生命的接力。

到了青春期，孩子就會開始對異性產生興趣。遇到喜歡的人，身體會有反應，會在意那個人的存在。小鹿亂撞，光是見到對方就很開心，這樣的感覺非常幸福。

產生戀愛的感情後，就會想要珍惜對方，希望對方獲得幸福……這是人類最美好的情感。而這個過程，是成長之路上一個非常重要的體驗。

一般來講，孩子從初中時期開始，就會萌發這樣的情感。但畢竟還是初中生，和異性一對一單獨交往還是早了一點。單相思倒沒關係，建立正式戀愛關係的話，初中生還是過於年幼。

等上到高中，過了青春期，精神方面回歸沉穩後，父母可以禁止孩子和戀人有肉體上的男女關係，但**戀愛本身，我認為沒有必要限制**。因為如果這樣做，就是在**阻斷孩子的自然成長**。

父母經常會說：「比起戀愛，不是還有更重要的事情嗎？」也有的父母會說：「希望你集中精力在學習和考試上。」「馬上就要考大學了，談戀愛是浪費時間。」

聽了這些勸告的孩子，就會極力抑制住自己天然的情感需求，盡可能忍住對異性的興趣，告訴自己：「就算沒有男朋友／女朋友在，也完全沒問題。」時間久了，孩子就會理所當然地認為：「根本沒必要談什麼戀愛，我對異性也沒什麼興趣。」

這樣的孩子成人之後，戀愛方面就會變得很笨拙。

他們連主動尋找戀人都不懂，就算身邊出現了喜歡的人，也無法好好將自己的心意告訴對方，結果導致不少人晚婚，或者不婚。

高中生對異性產生興趣，是理所當然的現象。意識到異性的存在，才會慢慢有大人樣，變得成熟。女孩子開始關注自己的外表，男孩子開始熱衷於學習和運動，努力展現自己有魅力的一面。

想要受到異性的歡迎，會激勵孩子們進行自我磨煉。男孩子有了女朋友，會突然變得更帥；女孩子有了男朋友，也會突然變得更美，這是很自然的過程。

我在給兒子做性教育的時候，教他們無論男生或女生，都一定要非常珍惜彼此；還跟他們強調，性行為必須是以愛為基礎的表現，是伴隨著責任的；同時也提到性行為會生小寶寶，所以除非兩個人決心成為父母，否則必須注意不能懷孕。

但是，我並沒有禁止兒子們喜歡上人，甚至談戀愛。我只是明確和他們說：「作為學生應該要做的事情，就要先好好做到。」

我的三個兒子，都是各自上了高中以後才交女朋友的。我感覺他們一談戀愛，自信心就增強了，還變帥了。光是體會到「這世上有喜歡我的人」，那就已經很美好。

特別是三兒子交了女朋友以後，變得非常認真，學習成績上升得很快。因為他想在女朋友面前有好表現，所以非常努力。二兒子交了女朋友以後，作曲才能進步不少，寫了許多很好聽的情歌。大兒子則是比以前更自信了，和女朋友相處屬於主導的一方。**戀愛讓他們都長成了男子漢，這讓我切實感受到戀愛的正面作用。**

愛上別人，是很美好的事情。無法體驗戀愛，是非常可惜的。當然，不可以沉溺戀愛，迷失自己，忘記自己的本份。但是，從高中時期開始，經歷一場對身心成長有幫助的、健康的戀愛，絕非壞事。作為父母，不要妨礙孩子長大為「人」。

兒子說

回顧自己初中、高中時代的人際關係，一方面，那是單純培養人與人之間羈絆的時期；另一方面，也感到朋友之間的競爭意識和交往上的壓力。當中戀愛也是特別重要的一環，要說這段時期的戀愛觀會左右今後的人生，我想一點也不為過吧。

講老實話，我不認為父母能夠控制孩子不談戀愛。但是在戀愛經驗的品質上，我想孩子多少也會間接地受到父母的影響。因為初戀時，父母就是孩子最好的範本。如何對待珍惜的人，怎樣表達感情？最最重要的，就是希望對方如何對待自己。

看電視劇或者書、漫畫，也許也能獲得提示。但實際上，父母平時的行為已經是孩子的範本。雖然父母無法阻止孩子談戀愛，但關於如何積累好的戀愛經驗，應該可以給孩子一點建議。

尊

Respect

夫妻之間需要互相尊敬，親子關係也是如此。

父母想要被孩子尊敬，教育過程中不能傷害孩子的自尊心。我們應對自己身為父母感到自豪，更希望讓孩子覺得「成為爸爸媽媽的小孩真的太棒了！」為此，父母們對自己和孩子都必須懷著敬意。

18

不要做不想孩子做的事

子供にやってほしくないことは親もやってはいけない

孩子是看著父母的背影成長起來的。不希望孩子做的事，自己也不能做。

比如父母一邊和孩子說「不要說別人壞話」，一邊卻在聊別人八卦、說別人不好，這樣孩子就會認為：「大人說的和做的怎麼不一樣呢。」

聽到父母不經意對別人口出惡言，孩子也會對自己的朋友說同樣的話。

為了孩子，父母平時一定要注意自己的行為。

我自從成為母親，生活就發生了巨變。之前的我是一個貪睡的人，早上總是起不來。但是後來為了做孩子們的早飯和便當，每天都起得很早。雖然一開始時是有點辛苦，漸漸也能帶著笑容起床了。

而且，我再也不會說像「好累啊」、「好睏啊」這樣的話了，而是只說積極樂觀的話。「和你們在一起，媽媽很開心哦。」「你們能吃媽媽做的飯，媽媽很高興。」等等。因此，我家三個孩子每天早上不會賴床，準備也很迅速，一句抱怨都沒有，高高興興背著書包去上學。

在乘坐交通工具的時候，可以見到不少父母要求孩子舉止規矩。但是，也有許多帶著小孩的父母做不到這一點，令旁人側目。

我從三個兒子小時候開始，就教他們在公共場合怎樣注意自己的行為。坐電車時，不會讓兄弟三個並排坐著，父母一定會坐中間。為了讓他們安靜愉快地待在公共地方，我下了一些功夫，比如告訴他們「我們要小聲說話哦」，或給他們吃點小點心，玩點小遊戲之類的。如果孩子哭了，我會立刻把他們帶到車廂之間人少的地方去。我也經常教導他們：「車廂是給大家舒服地分享的地方，我們不能大聲喧嘩哦？」

有的孩子在電車、巴士上吵吵鬧鬧，引起他人反感，其實責任還是在父母身上。如果父母忙著自己聊天、看手機，不好好看緊小孩，小孩當然會開始鬧騰。不管是什麼樣的場所，都要事先準備好不會讓孩子感到無聊的小物件。然後認真地和孩子解釋，一起待著，就不可能發生問題了。

通過我各種努力，三個兒子乘坐交通工具的時候，行為舉止都變得非常好。

如果想讓孩子在公眾場所舉止禮貌，父母首先要做出表率。不能讓孩子看到父母只顧自己聊天、大聲喧嘩，甚至醉醺醺的樣子。

社會上充斥著容易令人上癮的不良嗜好，例如吸煙、賭博等。成為父母以後，這些習慣一定要戒掉，喝酒也希望盡量控制。我想沒有孩子會樂意看到父母沉迷賭博。吸煙和酗酒的人，也會被孩子嫌棄，更不要說為此揮霍錢財、弄垮身體，最後甚至可能拆散家庭。

如果不想孩子沉溺於賭博、喝酒、吸煙的話，首先父母應該做出榜樣。

「欺凌」也是這樣發生的。父母一邊告訴孩子「不可以欺負別人」，自己卻說一套做一套，那麼孩子就會認為欺負人是對的。**只要成人社會中還存在欺凌現象，那麼在孩子的世界中，欺凌也不會消失**。

最近，不只是日常生活中小規模的欺凌，網路上的憎恨言論也正成為一大問題。由於孩子行事還沒有分寸，作為他們身邊的大人，父母的行動會給孩子帶來很大的影響。

不想孩子做的事，父母也絕對不能做。請銘記在心，在育兒過程中，要成為孩子的模範。

兒子說

在我家，經常會用到「理所當然」這個詞。不能在公共場所喧嘩是理所當然的，端到自己面前的食物全部吃完也是理所當然的……而且大部分情況下，這種「理所當然」不分大人還是小孩，而是作為一個人應該考慮到的「理所當然」的事。

先不說榜樣的好壞，如果大人不能遵守這些「理所當然」的事情，就是偽善——這一點小孩子也非常明白。當然，世上不是所有事情都是非黑即白的。但是，關於社會、家庭的規則、道德標準，如果沒有父母做出表率，就無法在孩子心中確立起來。

理所當然的事，理所當然要做。雖然實行起來非常難，但我想也是多虧了我父母，這樣的想法從我小時候起自然就懂了。

19

不要只是大人之間談話

大人だけで会話してはいけない

「我們大人在說話，你們小孩那邊玩去。」

這是一群媽媽聚會時經常會說的話。大人們在聊天，孩子們在其他地方玩玩具、遊戲——這樣的場景十分常見。但是，這實際上是非常可惜的事情。

孩子從大人的談話中可以學到很多。社會的問題、大人的煩惱、學校的話題、家人之間的問題如何解決等等，**對孩子來說，所有都是瞭解社會的課程**。

大人說話的技巧、幽默感、良好的儀態、優雅的舉止、舉手投足等等，孩子們會有樣學樣，通過模仿大人的行為，自然地掌握 TPO 的要訣。

當然，沒有必要每次都讓孩子旁聽。但我還是反對總是把小孩和大人分開，大人只管自己一起聊天的做法。

也有的父母覺得：「但是，大人說的話，孩子聽不懂吧？」不，沒有這回事。

只是說，想要孩子能跟上大人的談話，需要一點訓練。

例如，在媽媽和朋友聊天時，有時可以嘗試問問孩子：「〇〇，你覺得呢？」**養成把話題拋給孩子的習慣以後，孩子就會豎起耳朵，注意聽大人間的談話**。

孩子如果認識到自己不是置身事外，而是可以提意見的話，就會努力去理解大人的談話內容，認真傾聽，漸漸就容易說出自己的意見了。

孩子的意見出乎意料的有趣，偶爾還會蹦出一些連大人都感到吃驚的新鮮想法。孩子通過參與到談話中來，不僅能培養他們傾聽的能力，還能提高對於他人說話的「**理解力**」。

由於不能聽漏，也鍛煉了「**集中力**」；由於必須說出自己的意見，有助養成思考的習慣，而為了簡短有力地把意見發表出來，從中還訓練了「**總結的能力**」。

這麼好的學習機會，不好好利用真是說不過去。讓孩子加入到大人的談話中，孩子自然不會再膽怯，能沉著地傾聽別人說話，得到豐富的知識和話題。這樣一來，就會變得善於人際交往，**在學校和日常生活中，成為一個不怕生、願意積極交流的人**。

另外，我建議偶爾**也可以讓孩子聽聽大人的問題**。這樣做，孩子會覺得「爸爸媽媽都好辛苦，但是他們都在努力呀。」慢慢明白在社會上生存是怎麼一回事。

不要把孩子過度當成一個小朋友，而是**看做一個獨立的人，讓他們參與到大人的談話中來吧**。這也是加速孩子成長的一條捷徑。

每年有一兩次，我們一家人都會回母親的娘家香港探親。和親戚們一行十幾人去吃中國菜，那時候在飯店裡一定是這樣一幅場景：兩張餐桌，大的給大人用，小的給小孩用。

兒子說

我們三兄弟其實都打心底裡討厭那張給孩子用的桌子。我們在自己家裡，每天晚上都會圍坐在餐桌前，和大人平等地聊天，說說新聞、電影和政治的話題，為什麼在香港卻要被當成小孩子!?（當然，這也有這的樂趣，和表兄弟們玩得很歡樂……）

為了和大人平等地對話，必須要有自己的主見，並且將意見以自己的語言解釋清楚。而且，也有必要事先知道有關這些意見的其他資訊。像這樣每天做好積累，確實培養了我在學校、社會、工作上的能力。我還認為，這也和一個人的自信有著直接關聯。

20

不要對孩子動粗

暴力で躾をしてはいけない

撫養孩子的一大前提——絕不能對孩子使用暴力。**其中包括身體上的暴力、精神暴力，還有語言暴力。暴力只會激起更多暴力，產生一系列不好的連鎖反應。**

如果對孩子動粗，結果就相當於在教孩子「**處於強勢的人對沒有能力反抗的人，是可以施以暴力的**」。

用拳頭來教訓孩子，絕不是有效的方法。

從心理學上來講，這樣的做法等同於在教什麼是「懲罰」、什麼是「獎勵」。這是一種以「力量」為主導的方法，只有在「我比你強」、「我可以給你你想要的東西」的情況下通用。這種左手是糖，右手是鞭子的方法，平時很多人都會使用，但實際上，這是「**駕馭他人的最低級的手段**」。

因為**這是只有在自己比對方強時才能用的一時之策**。如果哪天你不再強大了，對方也就不會再聽從於你。對那些「你打我我也不痛」、「我才不想要什麼獎勵」的對手，這個方法完全沒有用。

而且，**對方是否真正接受你的教訓，還是無可奈何，只是裝作服從的樣子，根本沒辦法確定**。這是歷史上暴君們最常使用的手段，而歷史恰恰證明，他們最後的結局都很悲慘。

也許有的父母會說：「就算你這麼說，我們也是接受父母的體罰一路長大的。我家的孩子，不打是不會長記性的。」「因為一定要教懂孩子，如果做了壞事，就會受到懲罰。」但這真的大錯特錯。

教導孩子的時候，最關鍵的，是「傳遞給對方什麼樣的訊息」。一定要把事情說清楚，讓他們知道過失在哪裡，只用暴力的話，會令孩子們收到錯誤的訊息。

打孩子的時候，孩子為了逃避被打的痛苦，會立馬說：「對不起！」「再也不這樣了！」「原諒我吧！」道歉叫饒，父母消氣了，以為問題就這樣解決了。

可是，也許孩子並沒有徹底理解，到底自己犯了什麼錯。他們只是因為不想被打才道歉，還是真的有反省呢？誰也不清楚。許多孩子只是單純認為「爸爸媽媽生氣的話，我就會被打」。因為孩子沒能好好理解自己犯了什麼錯，**以後還會重複犯相同的錯誤**。

接下去父母又會生氣，**暴力程度也越發升級**，「跟你說幾次了，怎麼就是不聽話呢？」孩子不知道什麼時候會被打，總是處於驚恐不安之中。父母對於這些「說幾遍都不聽的孩子」越來越不滿，孩子則是害怕得畏畏縮縮。這樣一來，**親子之間產生不信任感，令溝通的橋樑崩塌，親子關係惡化**。

而且，孩子總有一天會長大，比父母更有力氣。**當父母的暴力不再構成威脅時，孩子就會覺得沒有必要再聽父母的話了**。

其中有的孩子會因為一直以來接受體罰產生的反動，開始反抗父母。等到他們有了孩子，**不僅也會對自己的孩子施以暴力，甚至會成為喜歡用武力解決事情的人**。

另外，也不能有語言上的暴力。

比如，有的父母會罵孩子：「你這笨蛋！」我覺得這當然不是真心話，不會有父母真的認為自己孩子是笨蛋的。說出這句話，只是覺得孩子的某個行為「太傻」。

如果是這樣，可以和孩子說：「你剛才做的事很傻哦，一點不像是你會做的。你再好好想想看吧。」這樣我覺得孩子應該會虛心接受的。

除此以外，還有父母會對孩子發怒道：「你想想是多虧了誰，你才有飯吃的？」這樣**會傷到孩子的自尊心**。養育孩子是父母的義務，絕不能對孩子說這種話。原本對父母心懷感謝的孩子，要是聽到這種話，也會轉而對父母反感吧。

父母們應說出自己的真心話：「因為有你，爸爸媽媽才那麼努力哦。想努力給你提供舒適自在的生活，想要讓你接受好的教育。所以，我們一起努力哦。」這樣說，我覺得孩子才會理解父母的良苦用心。

只要開心見誠和孩子對話，說清楚什麼是對的，什麼是錯的，無論孩子有多小，也會明白父母的心意。

心靈一旦受過傷，是很難再重新修復的。一旦對父母的愛產生懷疑，孩子就會陷入不安，變得自暴自棄。

「愛的鞭策」對孩子來說是非常難以理解，而且蠻不講理的。無論發生什麼，絕對不可以訴諸暴力。

兒子說

我小的時候，最厲害的「懲罰」就是長時間的「協商」。所謂的長時間，一兩小時只是開個頭，我記得大概最長有談過八小時左右。和所謂的說教不同，母親對我並不是單方面的訓話，而是母子之間展開了各種雙向的討論，例如「為什麼說謊」等問題。

雖然不是什麼身體或精神上的暴力，但從孩子的角度來看，這種「協商」也有它的可怕之處。長時間悶在家裡和大人說話很辛苦，但最痛苦的，是要對自己做錯的事情巨細無遺地自我分析。

可是，現在想想，母親那麼忙，依然願意花上八小時和孩子說話。和簡單直接的教訓不一樣，這種需要耐心的交流，確實對我是有效的。

21

不要把工作擺在第一位

仕事を最優先にしてはいけない

有了孩子之後，就不要再把工作擺在第一位。既然身上寄託著小生命，被賦予了養育的責任，那就一定要有這樣的覺悟。

當然，如果不工作，就無法養活孩子和家人，所以工作還是很重要的。但是最重要的，仍然是孩子的生命。所以說，成為父母之後，必須抱著「以孩子為最優先」的心態。

工作與家庭的平衡，對於雙雙工作的父母來說，是一個大課題。一邊要兼顧工作，一邊要把孩子帶好，在兩者之間找到一個平衡點並不容易。

我建議各位父母轉換成「**以孩子優先**」的思路，讓自己的腦海中第一個想到的就是孩子。這想法會令到父母的每一天更有秩序，人生更有意義。

其實育兒要做的，是非常瑣碎的一系列行動。

孩子還是嬰兒時，要餵奶、換尿布、打預防針、接送上託兒所……進了幼稚園，要準備便當、換衣服、學習、幼稚園活動等等，日程日漸複雜，二十四小時也不夠用。孩子上小學後，學校的學習和活動增多，還要上課外活動、和朋友交往，每天要做的事情多到數不清。

像我這樣有幾個孩子的家庭更是辛苦。光是安排每個孩子每天的行程，就一個頭兩個大。也許有人會因此陷入不安，能繼續兼顧工作和家庭嗎？

沒關係！一定可以做到的。

首先要確定優先順序，因為當家長要做的事情非常多，如能決定好哪樣重要、哪樣次要，時間安排就會容易很多。我擺在第一位的，是孩子的健康、飲食，以及和他們一起快樂度過的時間。其他像收拾家裡、洗衣服、購物等，就稍微偷工減料一下，做到最基本的程度就行。

首要任務是保證孩子的健康——吃得好、睡得好，能度過愉快的時光。為了增加做飯和與孩子相處的時間，其他家務和加班工作，我都是哄孩子睡著後才開始做的。

由於每天工作都很忙，在孩子還需要餵母乳的時期，我取得了公司方面的理解，把孩子一起帶到工作現場。孩子稍微大一點之後，每天我都想盡可能和他們一起吃晚飯，因此一概拒絕需要加班到很晚的工作，也極力避開出差留宿在外地的任務。當然，工作減少了，收入也會下降。但當孩子尚小的時候，這是沒辦法的事情。

為了不讓別人覺得我「自恃是母親而怠慢工作」，所以接受下來的工作，我都會盡力而為，博取最佳的成果。幸好我獲得了周圍人的支持，幾乎沒有減少工作量，也能同時兼顧好育兒和工作，真的非常感謝。

當然，每個家庭中的優先順序也不會一樣。但是，有了孩子以後，請父母們不要忘了「以孩子為最優先」。

如果懷孕了，建議夫婦間好好商量，制訂計劃。如何安排工作？從什麼時候把孩子送去託兒所？是否要找保姆？有沒有可以拜託照顧的親戚？什麼時候復職？經濟上沒問題嗎？**像這樣多準備一些不同的計劃，之後無論發生什麼，都可以控制在預想範圍內。**

相反，無計劃的育兒是非常危險的。夫妻應深切感受養育新生命的喜悅和責任，然後認真商量。只要二人攜手努力，無論發生什麼事都能解決。

孩子還年幼時，希望盡量避免公司的酒會、加班、出差等，把這部分時間留著和孩子們相處。孩子的成長是不等人的。**要是錯過了孩子每天都不一樣的成長瞬間，那才是一生後悔的事**。第一次笑，第一次翻身，第一次走路，第一次說話……身為父母，誰都想親眼見證孩子成長的點點滴滴。

工作不喜歡可以換，但是孩子是換不了的；工作做不好也許會被解僱，但是**父母的角色是一生不變的**。

為孩子和父母人生鋪路的，是我們自己。請大家創造出一張美好的人生圖景，成為幸福的雙職父母，培養出幸福的孩子吧。

兒子說

在我家，基本上很少一家人不在一起吃晚飯的。除非母親在電視台錄影到很晚、在錄音棚閉關，或是去外地開演唱會以外，一般我們都會一起吃飯。父母就算是非常忙的時期，也會利用工作休息的間隙，為了和我們吃飯而特意回到家裡。有時候是我們三兄弟到他們工作的地方，在那附近找地方吃飯。

不把工作擺在第一位，意思並不是指「工作不重要，家人最優先」。而是說，有失平衡的生活，對大人也好，小孩也好，在精神上、經濟上都會產生壓力。在我家，每天的晚飯是家人們生活節奏的中心。

我想，母親也是因為我們家人能一起圍坐在餐桌上吃飯，才能夠自然把握好家庭和工作的平衡吧。

家

Family

能夠安心生活，有一個隨時都能回去的家，對人來說，也許就是最大的幸福。家不單單是一幢房子，而是由住在其中的人互相關懷的暖意組成的。一個幸福的家庭，家人們雖居住在一起，但每一個人都擁有自己的自由和空間。大家相親相愛，但絕不會被束縛。

對孩子來說，父母的懷抱就是心靈的家，父母的信念就是最後的歸宿。

22

不要預先對家務進行分工

家事の役割分担を固定してはいけない

聽說不少家庭，家人會一起決定家務如何分擔。但是在我家，沒有清楚的分工。

我對兒子們說：「做家務是所有人的責任，每個人都要盡力而為，這是理所當然的。所以你們手上空著時，什麼都要幫忙哦。如果有別人主動做了家務，那就是幫了自己，是幸運的事情，一定要感恩呀。」這就是我家的想法。

我覺得，如果給孩子們分配好任務，比如「你負責取報紙」、「你負責倒垃圾」、「你負責澆花」，孩子一旦做完了自己應該做的事，就會認為自己的責任完成了。而事實上，衣服還沒洗，碗也沒刷……即便如此，孩子覺得自己的活已經幹完，便若無其事地開始玩了。

在我家，家務是所有成員的共同責任。如果有沒做完的，大家一起完成。比如一邊聊天一邊做菜，佈置餐桌；用完餐後，大家一起收拾，洗刷餐具。疊齊洗好的衣服，出門買東西，大掃除，都是一起做的。**大家能一起做的話，每個人的負擔就變小了。**

有時候，爸爸會說：「一會兒再收拾吧，吃完飯我們先休息一下。」然後大家聚坐在沙發上聊天。不久，小兒子會說：「哥哥明天要考試，今天我來收拾吧。」然後自己主動幫忙。

偶爾我因為工作晚了，急急忙忙回到家，本想著得趕緊做飯，但一打開家門就聞到一股飯菜香。爸爸和孩子們齊聲告訴我：「飯已經做好了喲。」每當這時，我的感激之情溢於言表。

先回到家的人先做家務，然後其他人一起表示感謝——這就是我家的方式。

如果是分工制，有可能會出現抱怨，比如說：「這不是你應該做的事情嗎？為什麼一定要我做？」

不分配任務，才能讓孩子懂得「什麼都要主動去幹」的重要性。**要讓他們明白，不是因為被分到自己要幹什麼才去做，而是為了減輕別人的負擔、使別人開心而做**。抱有這種精神的人，在學校裡或在職場上，都會受人歡迎。

大兒子上小學的時候，會主動幫校工阿姨打掃校園，那位阿姨對我很是感謝。但對大兒子來說，那只不過是回家之前花一點點時間就能做的事，很自然就上去幫忙了。

二兒子也是如此。大學時代和朋友一起住宿舍期間，他常會主動給大家做飯，在朋友圈裡非常有人氣。

我認為，這都是我們家不做家務分配的功勞。

有一回，我飛去美國看望孩子們。我們四個人在路上走的時候，突然三個兒子朝同一個方向飛奔過去。原來是不知從哪兒飛出一塊滑板，眼看就要撞上一個小朋友了。

大兒子擋住滑板，二兒子抱起小孩子，小兒子保護周圍的行人。三個人一瞬間的迅速行動，著實令我吃了一驚。得到滑板主人和那個小孩子父母的感謝，也讓我感到非常驕傲。

任何事情都自己負責，任何事自己都主動去做。這種精神，也許正是由於我家不分工做家務才學到的。

兒子說

關於不要分配家務這一點，我覺得是很有現實意義的建議，長期來看也有好處。家庭內的分工，特別是男女做不同的家務，是社會上性別歧視的根源。所謂男人應做的、女人應做的家務，這樣的習慣會滲透到工作上、公共場合中，導致社會出現歧視。

我對於家務的想法，其實受父親影響挺大的。因為從做飯、打掃到洗衣服，父親從沒有猶豫過，每天都會主動去做。從小看著父親這樣的身影，反而令我對一般家庭中男女有別的固定觀念感到奇怪。在美國也是這樣，男性做家務是理所當然的。

幫忙做家務，是不分男女、體恤另一半的表現。現在夫妻都要工作的家庭越來越多，做家務的時間急劇減少。所以我認為，家人共同參與做家務，是非常現實的對策。

23

不要期望和孩子成為朋友關係

親子は友達関係になってはいけない

最近，越來越多的父母都希望與孩子成為朋友。他們認為，和孩子如同朋友般相處，像同輩般交流溝通，是親子關係良好的證明。

「這樣才能和孩子無話不談。」「對孩子來說，父母年輕會比較高興。」「我一直注意打扮，讓自己看上去和女兒形同姐妹。」「兒子就像是我的男朋友。」很多父母抱著類似想法，享受著「朋友」一樣的親子關係。

然而，**在孩子眼中，這可能是一種不幸**。

每個孩子都有「擁有父母」的權利。當然有些孩子，因為某些原因父母不在身邊，甚至父母已經去世。但是，若父母健在的話，就有義務實現孩子應有的權利。

聯合國制定的《兒童權利公約》中明確寫著，孩子理應有四大權利：「生存權」、「成長權」、「被保護權」、「參加權」。而最能確保這些權利的人，就是父母。

朋友關係和親子關係，責任的重大程度是不同的。父母要有覺悟，去承擔作為父母的責任。為了讓孩子安心成長，父母也要把這份覺悟明白地表現給孩子看。

「就算賭上性命，我都會保護你。」「爸爸媽媽會一路照顧你長大的。」「有什麼事都可以和我說哦！一定有解決辦法的。無論發生什麼，我都會全力幫你。」「可以依賴爸爸媽媽哦！絕對不要獨自煩惱。」

孩子如果擁有最在乎自己的「父母」，就能安心成長。朋友是不能提供這種安心感的。因此，親子之間不要變成朋友關係。

對於孩子來說，父母是身邊最親近的大人，也是模仿的對象。「我很尊敬父母。」「我崇拜爸爸媽媽。」能這樣想的孩子是幸福的，他們擁有自信，不會迷失，能在與家人的互相依靠中成長。想要成為這樣的父母，就必須**端正態度，盡最大的努力，成為能讓孩子尊敬、嚮往的大人**。

親子關係，並不像朋友關係那麼輕鬆。如果父母和孩子變成朋友一般的關係，**為了不被孩子討厭，父母就說不出嚴厲的話了**。在玩鬧和遊戲之中，也許還會**漸漸失去作為父母的尊嚴**。這時候，孩子會搞不清楚你們到底是父母還是朋友。

當身邊的大人變成像自己一樣「年幼」時，從某種意義上來說，孩子等於是失去了父母。這是一種不幸。

父母絕對不能逃避自己的責任。不可以剝奪孩子「擁有父母的權利」。

如果你發現自己和孩子的相處就像做朋友一樣，請重新審視一下親子關係吧。

兒子說

我上小學、中學的時候，身邊有幾個家庭，就是所謂朋友一般的親子關係。可在我眼裡，從沒有羨慕過他們。

在我家，親子間不像朋友一樣，但我們並沒有因此而相處得不好。父母和我們擁有共同的興趣，例如釣魚、做菜、看電影等等，生活得很快樂。只不過，父母始終是父母，孩子總歸是孩子，我們沒有越過這條界線。

想交朋友，和同年代的人隨時都可以。但是，家人之間以親子關係為基礎的一體感，是在家庭以外無法經歷的。擁有從心底裡可以信任的父母，對我來說是一種巨大的安心感。

24

不要過度依存孩子

子供に依存してはいけない

成為父母，就像身上多了個新頭銜。有時候神經緊繃，想努力為孩子盡到做父母應盡的責任，這樣的積極心理我也十分理解。但是，**不要將自己的存在價值，全都託付在育兒成果上**。

越是熱心的父母，越容易依存孩子。這樣的父母把自己和孩子綁在一起，認為孩子的失敗就是自己的失敗，孩子成功，也就意味著自己成功。結果，孩子取得好成績，進入好學校，似乎已成為他們的生存意義。

但是，孩子是孩子，父母是父母，**雙方是獨立的存在，有不一樣的人生**。如果父母過分依存孩子，就會**支配孩子的人生**。

一旦父母過度掛心，孩子就會感受到巨大的壓力，覺得一定要為了父母而做好，這無疑會給他們幼小的心靈造成巨大負擔，甚至會壓抑、勉強自己：

「失敗是不可原諒的！因為爸爸媽媽會傷心。我不可以丟他們的臉。」

比如說，媽媽以前的夢想是成為芭蕾舞家，有了孩子，便讓孩子跳芭蕾。爸爸以前想當棒球選手，於是讓孩子去打棒球。經常能聽到這樣的事。

如果孩子和父母志趣相同，那當然是美事一樁。可不是所有孩子都能滿足父母期望的。**如果一開始就把選擇空間收窄，對孩子來說只是一場悲劇**。

孩子在學校裡的成績、運動比賽上的勝負，父母總是一驚一乍的話，對孩子來說並不是健全的環境。

如果父母執拗於考試分數，孩子就會誤會：「如果我考不出高分，就不是好孩子。」「爸爸媽媽會因為我的成績好壞，一會兒喜歡我，一會兒又討厭我。」而事實卻是，**考試取得好成績，與上課內容理解了多少是兩回事**。即使平時一直認真學習，考試時也可能會偶爾失手。

如果父母執拗於運動比賽的勝敗，孩子輸了比賽時就會感到不安。其實一場比賽的勝負，由於雙方實力的問題，輸贏都是有可能的。

無論父母提出多高的要求，孩子能做到的總是有限的。因此，**孩子努力過仍無法做到的事，父母不可以過於期待、強迫孩子**。

我覺得自己從沒有給過孩子壓力，但是我的兒子們似乎一直默默承受著。「身為媽媽的小孩，以前我們的壓力可不小啊。」他們曾經這樣和我坦白過。因為我是知名人士，孩子們好像一直感到超乎想像的壓力。「絕對不能做不好的事，為了媽媽，我們也拚命努力學習了呢。」三個人笑著異口同聲地說道，而我從沒有想過自己會成為孩子們壓力的來源。

我向他們道歉：「對不起，媽媽都沒注意到有給你們帶來壓力。」他們對我說：「不是啦。這壓力也有正面的意義，成了讓我們想做到最好的原動力。」

總的來說，壓力在我家並沒有造成什麼不好的影響。但是，如果走錯一步，也許就會影響孩子的未來了。

隨著孩子長大成人，他們自然而然會離開父母身邊。但是，如果父母過度熱衷於養育孩子，依存孩子，反而是父母這邊難以放手。

育兒最大的課題，就是「放手」。早早地察覺「放手」的最佳時機，把孩子送到社會中去，是父母的責任。

不同孩子，「放手」的時機不一樣。有的是上高中或者上大學的時候，而有的是開始工作或結婚的時候。但不管怎樣，孩子早晚都會離開父母，自立門戶。讓孩子順利地自立，是育兒的目標。

「我希望你永遠待在爸爸媽媽身邊。」這樣的願望，絕不是父母應有的心，而是一種剝奪孩子自由的行為，純粹是父母的任性。

離開孩子，確實是很難的。但是，在這一刻來臨之前，**給予孩子足夠自立的能力，然後到了那一刻，微笑著送他們出門**，這才是父母可以給孩子的最好的禮物。

不要對孩子過於期待，更加不要成為依存孩子的父母，因為孩子有他們的人生。

兒子說

有這樣一句話：「愛孩子，就放手讓他出去闖吧。」家人之間的愛和依存的區別，就在於此。重視一個人，必然也要尊重對方的獨立性。無論孩子是否會冒風險、是否會失敗，就算和父母的希望背道而馳，都是人生旅途的一部分。

在孩子看來，父母擔心自己確實很感激。但如果這份擔心妨礙了自己決定的前路，反而會變成一種麻煩。父母不管有多擔心，都放手讓孩子前行——這種多少有點矛盾的愛，對孩子來說才是最高興的。

現在我們最小的弟弟正在亞馬遜的熱帶雨林裡獨自旅行，我們做哥哥的也擔心著他。

但是，他做了我們誰都沒嘗試過的冒險，所以家裡所有人都在心裡支持著他。

食

Food

育兒的一個重要支撐——食育。把身體養好或把它弄壞，全看自己。想要保護身心健康，飲食最為關鍵。讓孩子和家人一起開心地吃飯，要教他們吃對身心有益的食物，盡量不要吃有害食品。教會孩子關於飲食的知識，就是給了孩子一生的寶物。圍坐在餐桌前，一家團圓，這是孩子心靈的維他命、幸福的源泉。

25

不要讓孩子一個人吃飯

子供にひとりでご飯を食べさせてはいけない

請盡量別讓孩子一個人吃飯。

家裡的餐桌，是一家團圓的地方，不光只是為了填飽肚子而已。和家人一邊吃飯一邊交流各種話題，敞開心扉，是一段幸福的時光。餐桌上，也是能讓孩子實際感受到「我並不孤獨」的地方。來自家人的愛，除滿足了肚子，同時也把心裡裝得滿滿的。因此，**家人一起吃飯是很重要的事情**。

和孩子一起吃飯，**父母就能清楚瞭解孩子當天的狀態**。

身體不適的時候，吃飯的樣子也不一樣。「怎麼啦？最喜歡的炸雞塊也不吃了？」「嗯，我肚子有點不舒服……」這樣就可以趁情況還未惡化，趕緊作好處理。

孩子在煩惱的時候，看臉色就能察覺到。「今天話好少啊，發生什麼事了？」「朋友對我說了很過分的話……」像這樣，孩子情緒上有什麼問題，也能迅速開導他們。

所以，**為了守護孩子的身心健康，一起吃飯不失為一種非常有效的方法**。

和孩子一起吃飯的時間，也是教導「食育」的好時機。「紅蘿蔔對眼睛好哦。」「多吃不同種類的食物，強化內臟的功能吧。」父母可以把有關食材和吃法的知識，在用餐時教給孩子。

我從母親那裡學到的藥膳料理，一路實踐至今。通過攝取適合自己體質的食材，人可以保持健康。原本性「熱」的體質，就要吃令身體冷卻的食物；性寒的人則吃令身體溫熱的食物；容易乾燥的人，多吃滋潤身體的食物等等。

這種中國式的健康飲食法，我從兒子們很小的時候就傳遞給他們了。例如食物的成分、效果、身體的運行機制等等，一邊吃飯一邊告訴他們。「你，就是你吃下去的東西所組成的。」母親告訴我的這句話，我也傳授給了自己的兒子。

和家人一起吃飯的孩子，從小就能掌握**與人溝通的能力**，自然能學到如何**照顧別人的情緒，為他人著想**。大家吃一樣的飯，也可以提高信任關係、夥伴意識，掌握社會規範和禮儀。

比如哥哥會這麼想：「因為是大家一起吃的菜，雖然我很愛吃，但不應該獨佔，就吃少一點吧。」或者主動謙讓：「這個菜只剩一個了，還是留給弟弟吃吧……」弟弟得到哥哥給的最後一個炸蝦時，會表達感謝：「我可以吃嗎？太感謝了！」

圍坐於餐桌，聽聽大人之間的談話，看看大家的舉止動作，尋找自己的位置。通過這個過程，孩子可以在群體中逐步確立自己的定位。所以吃飯的時候，記得先**把電視機關掉**，然後盡可能進行各種有意思的對話吧。

家人一起準備飯菜，一起享用美食，一起歡笑，一起玩耍，吃完飯也一起收拾……學習與人交往，沒有比這更好的機會了吧。

我為了不讓兒子們獨自一人吃飯，付出了許多努力。一大早起床做好早飯，大家一起吃；晚上也是盡早把工作做完，回家做晚飯一起吃。

我實在沒時間的話，丈夫會先回家和孩子們吃。如果夫妻兩人都沒辦法早回家，就拜託婆婆，或者公司同事幫忙。總之，為了不讓孩子一個人吃飯，我們下了非常多的功夫。

為了使家人之間的關係更加緊密，也為了孩子的成長，請務必避免讓孩子一個人吃飯。

兒子說

食物在任何國家，都是「關懷」的證明，就好像人類的遺傳基因中，本來就有對餐桌的情懷一樣。在家庭以外，還有學校伙食、公司食堂、下班後喝上一杯……果然，「吃」這一行為，連接著人與人的心。

如果大家都分開吃飯，不僅會失去人與人交流的機會，我甚至覺得會令人的「關懷」之心變得麻木。和別人一起吃飯還有一個好處。自從我開始為其他人做菜，才發現「一個人吃」和「與重要的人一起吃」的飯菜，品質完全不同。

我們家一向非常重視吃飯這件事，圍坐在餐桌前學到的東西不計其數。那份心境，現在已經在我身上穩穩地生了根。

26

不要對孩子挑食過分緊張

食べ物の好き嫌いをうるさく言い過ぎてはいけない

我家三個兒子都不挑食，這是因為從他們小時候起，我就一直注意給他們吃各種食物。

而事實上，我和我丈夫倒是會挑食。我吃不了蔥和洋蔥類，生的東西和納豆也不愛吃；我丈夫則是所有乳製品都不喜歡。所以我們希望「把孩子們養得什麼都能吃」，在照顧兒子們的日常飲食中，努力讓他們吃各種各樣的食物。**告訴他們只要是食物，都是美味的**。

什麼好吃，什麼不好吃，孩子從小就會記住。為此，我從輔食到孩子斷乳後吃的食物，都十分注意。甜的、鹹的、辣的、苦的、酸的，都給他們稍微嚐一點點，並且**盡可能使用多種食材製作料理**。

等孩子稍稍長大一些，我就在吃飯的時候，用簡單易明的方式，解釋食材的名稱、功用、營養等。

對於孩子不愛吃的食材，有種方法是把它們切得細碎，不讓孩子看出來是什麼，再給他們吃。但是，這樣做並不能使孩子喜歡上原本討厭的食物。

我的朋友當中，有人不愛吃青椒。她對我說：「我小時候，媽媽為了讓我吃青椒，會把青椒切得很碎很小，混在炒飯裡。但是我長大以後，依然不愛吃青椒。」

既然是這樣，倒不如直截了當地給孩子解釋更好：「這是青椒。可能有點苦，有點菜腥味，但應該能吃吧？它對身體很有益哦。怎麼樣？挺好吃的吧？」

孩子如果一開始就知道「味覺有五個種類」、「每種食材都有不同的營養」、「不同食物口感也不相同」這些知識的話，接觸新的食物時就不會抵觸了。即便如此，有些孩子還是會覺得「不愛吃的就是吃不了」。

有的家長就陷入了這樣的煩惱：「嘗試了許多辦法，孩子依舊不肯吃。」還有的父母說：「不知不覺就對孩子嘮叨，反而令他們更討厭吃了。」我覺得，沒有必要對孩子挑食過於囉嗦。

父母希望孩子不挑食，是出於「**想要孩子多吃有營養的東西，保持身體健康**」。但是，世上一定還有其他含相同營養的食物。**比如「討厭紅蘿蔔」的孩子，與其勉強迫他吃，倒不如讓**

他吃一些營養成分等同於紅蘿蔔的食物，這樣就行了。

「南瓜可以吃嗎？」「纖維較多的番薯可以嗎？」像這樣給孩子推薦替代的食物，再好好解釋其中的營養給他們聽吧。總之，不是硬給孩子吃他們不愛吃的食物，而是讓他們吃擁有同樣營養成分的東西。

如果孩子討厭綠葉類的蔬菜，就換成西蘭花、蘆筍；如果不喜歡青椒，就給他吃青瓜或茄子……轉換成這樣的思路，一定能找到替代品。

為了讓孩子攝取這些食物，告訴他們其中的道理也十分重要。可以的話，不是膚淺的知識，而是好好查閱資料，教給他們確切的內容。請父母們好好學習飲食的重要性，然後給孩子們解釋，直到他們理解為止。

在中國，有「五色五味」的說法。在日本，則是建議每天吃「三十種以上的食材」。**想要強健身體，獲得每天的能量來源，飲食是育兒中非常重要的一個支柱，對穩定情緒、睡眠都能帶**

來影響。

我一直堅持和兒子們聊關於食物的話題。可能正因為如此，他們三個人都非常喜歡做菜，也喜歡吃，如今有時更會為我做些花心思的料理。

大兒子就像大廚一樣，說：「我來做燻鴨哦。」「甜點是檸檬批和自製冰淇淋。」二兒子把他自己做的香蕉乾送給我，說：「媽媽，最近我做了水果乾哦。這是香蕉片乾，請你嚐嚐看。」三兒子在去年我生日那天，親自烤了巧克力草莓蛋糕送我。他們做的菜真的非常好吃，令人有點嫉妒呢。

關於吃的知識，會成為孩子一生的寶藏。教會他們健康的飲食方法，等孩子成為大人獨立之後，也很有幫助。

聰明地吃東西，可讓自己變健康，因此在育兒過程中，「食育」是不可欠缺的。

兒子說

我記得小時候，像肝、納豆、苦瓜之類味道比較特別的食物擺上餐桌時，我父親會說：「這些東西是大人吃的哦。很美味吧？」然後津津有味地吃起來。現在想想，那也許是父親的「表演」。採取激將法，為了讓我們想「小孩子也能吃出味道啊！」然後賭氣地去吃各種各樣的食物。

事實上，多虧了父母這樣做，我真的不挑食，長大以後也對這一點非常自豪。我記得以前回到中國外公外婆的故鄉探親的時候，飯桌上端來蛇、蚯蚓、蠍子，我們照樣能吃。

話雖這麼說，也不是只要不挑食就好。重要的是，對於沒接觸過的新事物，不要有多餘的抵觸感。通過挑戰新事物，可能會遇到意料之外的收穫。比如下酒小菜的話，我個人推薦素炸的蟋蟀哦！

27

不要給孩子喝太甜的飲料

子供に甘い飲み物を飲ませてはいけない

大家知道甜味的碳酸飲料中包含多少砂糖嗎？一瓶五百毫升的飲料就有四十至六十克砂糖，相當於十至十六塊方糖。

這些砂糖一次進入體內，**會令血糖值迅速升高**，體內能量爆發式增長。喝完以後，短時間裡感覺會特別好，特別興奮。

但是，由於砂糖很快就會被吸收，身體進一步想要更多的砂糖，令人迫不及待想繼續喝甜的飲料。如果無法得到滿足，人的心情就會變差，情緒煩躁。這樣一來，**情緒一會兒高，一會兒低，處於極不穩定的狀態中**。如此反覆，孩子就會**無法自控，變成不擅於自制的孩子**。

甜的碳酸飲料，偶爾喝喝沒關係。但是如果每天都喝，**胰島素分泌變紊亂，會容易患上糖尿病。這無論對於精神還是肉體，都絕不是好事**。

我朋友的孩子非常愛喝可樂，從小就喝很多。孩子媽媽為了哄孩子高興，雪櫃裡常備著大量可樂。結果，這孩子變成了肥胖兒童，被醫生提醒後，才終於停止喝可樂。

因為孩子對可樂已經成癮，這下一停，吵鬧得厲害，大人小孩都吃了不少苦。朋友一直很後悔：「早知道這樣，一開始不給他喝可樂就好了。」

但是，大街小巷充斥著各種甜飲料，周圍又有許多人喝得津津有味，孩子看到了，難免也會想要喝。

那麼怎樣做才能讓孩子養成不喝甜飲料的習慣呢？**就是要教給他們知識，令他們真心接受不能多喝的原因**。

兒子們兩三歲還很小的時候，我就耐心地給他們解釋碳酸飲料的危害，也從不給他們喝。我給他們推薦的都是健康的飲料。

「有冰牛奶哦。」「口渴的話，喝水或者茶是最好的喲。」「夏天還是喝大麥茶好呀。」「運動完以後，喝離子水也不錯的。」

但是，孩子們到底有沒有打心底裡認同，我還是稍有不安的。

直至有一天，公司同事替我到幼稚園接兒子回來，然後向我報告：「Agnes，我本來想給孩子們買飲料喝的，結果他們對我說『我們喝茶就行了』，都不要汽水或果汁哦，讓我很吃驚！很健康呀！」

原來孩子們早就明白了。不是因為父母在旁邊看著，**就算父母不在身邊，自己也能理解，不喝甜的東西**。

到兒子們上了高中，在美國生活以後，也表示「不喝甜的碳酸飲料」，證明小時候的習慣會一直持續下去。

只要大人認真解釋，孩子一定會理解和認同。即使和其他孩子不一樣，也能貫徹自己的信念。孩子們是否能堅守自我，受小時候的教育影響。為了孩子的身心健康考慮，請各位不要給他們喝甜的碳酸飲料。

兒子說

小時候不喝碳酸飲料，影響我長大之後，會有意識地注意吃進嘴裡的東西。現在從便利店可以買到任何食物，關於如何保持健康的飲食生活，站在最前線的不是父母，而是孩子自己。

口渴的時候，比起汽水，確實是喝水或大麥茶比較潤喉。從我懂事開始，父母就一直和我說，想要吃甜的東西的話，不要喝汽水，寧可吃冰淇淋都要來得有營養。意思當然不是讓我光吃冰淇淋，但是，總是聽到這些有點矛盾的、不禁令人思考的解釋，慢慢地，我也開始覺得必須好好學習關於食物的知識了。

順便一提，我長大以後做過調查，某迷你杯冰淇淋和某瓶裝汽水的卡路里相差無幾，但前者的蛋白質等營養價值卻要遠遠高出許多。

危

Danger

利用互聯網，孩子隨時都能和父母顧及不暇的世界產生聯繫。

動動手指就可以拓展知識，這當然很棒。但事實卻是，網上也有很多有害的資訊和誘惑。電子遊戲、漫畫，正在剝奪孩子成長時期的寶貴時間和「腦力」。等到孩子成為互聯網的犧牲品，甚至淪為加害的一方，那就太遲了。

作為父母，不能落後於時代的進步，一定要升級對孩子的危機管理。

28

不要讓孩子無限制地上網

インターネットを無条件に使わせてはいけない

隨著互聯網的普及，這個世界變得非常方便，生活環境發生了翻天覆地的變化。資訊立馬到手，學習機會也無限擴展。

這本身是非常好的。但是，**孩子還無法清楚地分辨資訊的可靠性，讓他們在魚龍混雜的互聯網海洋中徜徉，是有危險的。**

網路上誘惑很多，孩子經常成為誘惑的目標，很容易把持不住，變得想要金錢，想要買東西，或者匿名寫些違心的壞話，沉迷遊戲等等。在這樣一個網路時代，育兒是非常困難的。

最近，就連小學低年級的孩子也開始有自己的手機了。

只要能上網，**來自外部未經篩選的資訊，就會湧入孩子的個人空間**。我們住的房子有門，也能上鎖。但是，能自由上網的孩子，卻**等同於處在沒門沒鎖的空間裡一樣**。換衣服、睡覺、聊天的時候，有人想要窺探就能辦到。

而且，孩子的好奇心旺盛。**在網上，會遇到好的資訊，也有壞的資訊**。有的孩子會錯信虛假資訊，被洗腦或被欺騙……甚至和犯罪者見面，被利用之後，發生不可挽回的事件。

互聯網上的個人資訊收集，是一門大生意。我們每一個人都是消費社會的目標，孩子們也是一樣。商人每分每秒都在探索孩子喜歡什麼？製作什麼遊戲，他們才會花錢一直玩下去呢？為了這些目的，許多面向兒童的軟體被開發出來。我朋友的孩子，用父母的銀行卡在手機上玩網路遊戲，花了幾萬元，令朋友嚇了一大跳。

小學生的時尚雜誌、小學生偶像、小學生模特兒……將孩子商品化的趨勢也在網路上越發盛行。還在上小學的孩子，在父母不知道的地方浪費金錢，或者成了「商品」。

在交友網站上，邀約想要玩樂而急需錢的女孩子，讓她們賣春。許多女孩子沉溺於那種黑暗的交易，從援交中無法自拔。而且，由於都是背著學校和父母進行的，周圍人難以發現，大多數情況下也無法拯救她們。更有甚者，把偷拍下來的視頻放在網上或者進行售賣，造成對孩子的二次傷害。

為了避免讓孩子遇到這樣的壞事，作為父母，**有必要認真地和孩子們說明網路的危險性，**然後預先給孩子們的上網行為**加以一定限制**。

各大討論區或「推特」等可以匿名發表的形式，給了人們不負責任地發言的機會。因此，**這些平台上面，比起積極向上的意見，更多的是充滿攻擊性的、個人洩憤用的訊息**。

有的孩子相信了這些虛假留言，開始傳播假資訊。這樣也會對孩子們的性格產生影響，例如成為不負責任的留言者；或者被留言所影響，無法作出正確的判斷；或者讀了消極的留言後，人生觀也變得憤世嫉俗……。

事實上，我就曾因為某次經歷，切身體會到了這樣的危險。

事情的契機，是我參加了聯合國兒童基金會組織的反對兒童色情商品的活動。把孩子作為性慾的對象，這是絕對不可以的，更不用說製作成影像，絕不允許。

為此，我一直推進《兒童賣淫、色情商品禁止法案》的立法工作，結果在網上受到了兒童色情愛好者們的嚴厲非難、誹謗中傷。其中有一個輕信了這些資訊的少年，在推特上發出了計劃殺害我的預告：「如果你不認同兒童色情的話，我就拿刀來捅你。」向我發出恐嚇的少年，幾天後被警察逮捕。

他的父母竟然不知道兒子成為了愛好兒童色情動畫的人，更不知道他犯了恐嚇罪，對他、對他的家人都是非常大的打擊。

在這樣一個深不見底的互聯網世界裡，父母必須保護好自己的孩子。因此，一定要和孩子好好解釋網路的危險性，平時注意孩子的動向。

只要正確使用，互聯網是非常好的工具。如何教導孩子正確使用網路的方法，是今後父母的一大課題。

兒子說

互聯網是從九十年代中期開始普及的。當時小學高年級的我和比我小三歲的弟弟，還算是經歷過互聯網未出現的時代。但比我小十歲的弟弟，已經一點都不清楚沒有互聯網的時期是什麼樣子的了。

一九九〇年左右，母親為了在家做博士課程的研究，接上了初代的互聯網。那時，由於電腦的處理能力還非常低，母親因為上課或工作離開家時，會囑咐當時四、五歲的我說：「記得按這個便條上的鍵，然後按回車哦。」這算是我第一次開始接觸電腦。可能在那個年代，互聯網的危險性還沒有「浮出水面」，我感覺用電腦和上網非常自由。

互聯網的危險性，在於把社會上的危險因素，通過架空的人與人之間的關係，輕易地帶到家庭中去。就這一點來說，我家很早就開始討論如何正面積極地使用網路，後來真的大有幫助。

29

不要讓孩子沉迷漫畫

子供を漫画中毒にさせてはいけない

最近，大家都說漫畫和動畫是一種代表日本的文化。縱覽全世界，沒有一個國家像日本這樣傾力於漫畫產業。

通過漫畫向世界傳遞日本的傳統和文化，這是很有意義的事。如果是好的漫畫，當然會傳播日本好的一面。但是，其中也**有有害的漫畫**。

我讀過世界各地很多種漫畫。那些在激烈競爭中脫穎而出的漫畫，水準非常高，從故事中教懂人們勇氣、友情、希望和夢想。這樣的好作品非常多。

但另一方面，也有一些暴力、色情的漫畫，也有一定的人氣。

在外國人眼裡，日本的漫畫中，也有一些不適合孩子看的。例如，繪畫風格太強調女性或者小女孩胸部的漫畫。這是一種被稱為日本「萌文化」的繪畫女性的手法。

在香港，這樣的漫畫通常會被視為有害圖書，塑封起來，限制未成年人購買。現在的漫畫市場魚龍混雜，父母一定要指導孩子如何作出明智的選擇。

漫畫這種形式，由於是把圖畫和文字組合起來，對孩子來說通俗易懂，非常有吸引力。但事實上它也有弊端：由於它將作者的意圖直接展現在眼前，**令形象思維固定，難以發揮更多想像力**。讀者不需要運用想像力，資訊也能輕易傳播，這既是漫畫的優點，同時也是它的缺點。**以前的圖書都是以文字來講故事，需要孩子發揮想像力，創造屬於自己的世界**。

想像力是在頭腦中形成的，描繪於現實中不存在的事物的能力，對孩子的成長非常重要。**產生新思維的能力、理解他人的心情和痛苦的能力、實現夢想的能力**等等，全都是想像力的產物。想要培養孩子的想像力，讀書比漫畫更有效。因此請**從培養孩子的讀書習慣開始吧**。

在我家，孩子初中畢業以前，我基本上禁止他們看漫畫，只會揀選一些好作品給他們看，例如《麵包超人》、《海螺小姐》、《哆啦A夢》、《赤腳阿元》等。

而且，為了不讓孩子討厭讀書，我還下了各種功夫。正如前面我提到過的，和孩子一起去圖書館、逛書店，互相推薦各自喜歡的書，家人之間交流讀後感……結果，三個兒子都變成了非常喜歡讀書的孩子。

也許大家沒必要像我家那麼嚴格，但不管怎麼說，**不要讓大腦仍處於發育階段的孩子沉迷漫畫**，這是鐵一般的事實。

更重要的，是鼓勵孩子閱讀以文字為主的書，用想像力擴展自己的世界。

兒子說

漫畫是一種新的表達手法，雖然最近在全世界流行開來，但基本上仍是以日本為中心的媒介。如果沉迷於漫畫這一種形式，那麼從時間和空間兩方面來說，確實就不會有閒情逸致去看更多其他的文學作品了。

小時候因為沒有讀過流行的少年漫畫，有時在學校真的會跟不上朋友的話題。不過，沒有看漫畫而空出來的時間，我都用在看書、看電影、聽音樂等其他娛樂活動上。

幸虧我從小就接觸了各種不同種類的媒介，令我瞭解到世上豐富的內容表達形式，多多少少得以博聞增識，成長為富有幽默感的大人。

心

Heart

要一直保持純粹的心靈是很難的。但擁有一顆良心，對人來說非常重要。

教給孩子正確的價值觀，孩子的心靈就會變堅強。在這樣一個普遍認為「金錢就是萬能」的社會，請教導孩子，幸福和滿足都是用錢買不到的，千萬不要沉溺於金錢中。隨心而活的自由和幸福，是父母能夠給予孩子最寶貴的財產。

30

不要用物質作為獎勵

ご褒美を「物」にしてはいけない

「下次考試考得好的話，我給你買玩具哦。」「你要是努力了，我就給你零用錢。」想要孩子好好學習的時候，是不是會拿「物質」作為獎勵呢？

我覺得不應該拿物質來獎勵孩子，因為這會**令孩子認為「因為會得到獎勵，所以我要好好學習」**。最重要的不是學習好就有獎勵，而是教會孩子「學習好有意思！獲得知識令我快樂！」讓他們理解**學習本身就是獎勵**。

父母也需要告訴孩子世界其他地方的嚴酷境況。「世界上還有許多小朋友上不了學喲。能去學校上學，真的很幸運呀！可以上學就是獎勵呢！」

如果以得到獎勵為目的而學習，孩子就會認為「沒有獎勵就可以不學」。**要是習慣了得到獎勵，他們以後便不會再自主學習**。父母看著的時候才學，為了得到爸爸媽媽的認可才學，這和學習真正的目標是背道而馳的。

學習，是為了獲得知識、提高自己。即使沒有任何人看到，沒有任何人為自己感到高興，也應該為了自己而學。

為了讓孩子養成自主學習的習慣，請大家一定要避免物質獎勵的方式。

有人會說了：「即便如此，孩子努力了，偶爾還是想給他些獎勵啊！」這樣的心情我也能理解。**與其給「東西」或者「錢」，不如家人一起做些有趣、開心的事情，創造一些快樂的回憶給孩子吧**。

「好棒呀！下次我們一起去釣魚吧！」「你努力了呢。今晚我們去看星星吧！」「這麼快就做好作業啦，那麼我們去公園踢足球吧！」一起做些與平時不一樣的，小小的冒險或是能留下回憶的事情。

「到了暑假，一起去野營怎麼樣？」「去海邊吧！」多製造一些樂趣給孩子，孩子就會有目標，每天能為此努力。

我在一次分享會上說起這個話題的時候，一位年輕媽媽提出了問題：「以前我為了讓女兒學習，都是給她玩具和錢作為獎勵。現在的話，還能改變這習慣嗎？」

我給出了一個建議：「下次你可以試著對她說，如果快點完成學習，就可以給媽媽化妝哦。」這位母親笑著回答：「這個點子不錯！孩子一定會很高興！」

請抱著幽默感，自由發揮想像力吧。父母陪孩子一起做他們喜歡做的、他們會感到高興的事，那就是最好的獎賞。

孩子喜歡畫畫，可以帶他一起去公園寫生；孩子喜歡動物，可以帶去動物園，聊聊各種動物的話題。例如我家大兒子非常喜歡魚，小時候我就經常帶他去水族館。

珍貴的時間和經歷，都是「物質」和「金錢」買不到的。把它們作為獎賞，家人之間的羈絆會變得更深。你們之間創造的回憶，關係著孩子的身心成長。

因此，父母不要總是說自己很忙，請盡量抽出時間，給予真正能留在孩子心中的獎勵吧。

兒子說

大概是因為父母「不以物質為獎勵」的教育方式，使我們兄弟三人長大以後，對物質的執著相當低。我們對名牌或所謂的奢侈品完全沒有興趣，而是看重東西的功能性和實用性。（甚至現在我還經常被母親說，要我買點好些的鞋子穿……）

但這不是出於想要在經濟上節約。因為我們對獲得有趣的經歷、旅行、美食，比別人都要貪心呢。我不知道這是不是比追求物質要好，但至今確實收穫了數也數不清的回憶。

這裡我想多提一句。如果你也喜歡水族館，東京鐵塔水族館雖然有一點點舊了，卻是個一般人不知道的好地方哦。

31

不要用零用錢教孩子金錢意識

お小遣いで金銭感覚を教えてはいけない

人為什麼需要錢呢？是因為買東西、過生活，都缺不了錢。

那麼，如果不用買東西，又可以保證最低限度的生活，我們還需要多少錢呢？

如今這個世界，太多的事情讓你感覺，不過是紙片一張的錢，卻支配著一個人的一生。在這種環境下，是很難教導孩子正確的金錢觀的。

有的父母覺得：「我給孩子零用錢，是為了培養他的金錢意識。」「通過親自管理零用錢，好好使用，可以掌握金錢觀。」但這究竟是不是最好的方法呢？

如果給孩子零用錢，孩子下意識就會認為：「有了錢，可以買許多東西。」「有錢就開心。」還有的孩子會這麼想：「如果有更多的錢，可以買更多的東西，就會更開心。」

當然，也有的孩子會有節制地使用零用錢，有自己的想法，比如會想：「手上的錢，我要花得精明。」「我不能浪費錢。」

但是在如今這樣一個消費社會中，孩子也是市場的目標。有許許多多的誘惑，在催使孩子花錢。手機遊戲、漫畫、服裝、零食……孩子想買的東西越來越多，有再多錢都覺得不夠。消費市場採取各種各樣的手段，誘惑孩子消費。正因為此，父母不應該去想「該給孩子多少零用錢」、「該給孩子多少東西」，而應該考慮「怎麼做，才能讓自己的孩子不要總渴望金錢和物質」。

最重要的是告訴孩子：**「用錢買不到的東西，才是最珍貴的。」「友情、愛情、家人之間的羈絆、誠實的心靈、健康……真正重要的事物，是花錢也買不到的。」「還有很多不用花錢也很快樂的事情。」「過於依賴金錢，是不會幸福的。」**

這些才是必須教給孩子的**真正的「金錢意識」**。

那麼，該怎樣培養這樣的金錢意識呢？

可以教給他們很多不用花錢也能玩得開心的遊戲，例如誰都會玩的捉迷藏、「一二三，紅綠燈」、跳繩等等，什麼都行。

你家的孩子最近在玩這種遊戲嗎？如果沒有的話，請一定試試看和孩子一起去公園玩。如果孩子明白這些遊戲比起一個人在家打電動、看電視、看漫畫好玩得多，他們就會變得愛去室外玩耍。

下雨天，和孩子一起出門找蝸牛；天氣好的時候，玩走路不踩到對方影子的遊戲；到了晚上，可以看星星，講講希臘神話；一起烤麵包和蛋糕；在海邊收集貝殼，用沙子堆城堡；去釣魚，比賽誰釣上來的魚最多；練習打水漂；大聲唱歌；從許多車子的車牌裡找數字……

這些好玩的遊戲數都數不清，而且全都不用花錢。

在我家，三個兒子小時候起我們就一直玩這些遊戲。他們不會主動想要什麼玩具，就算給他們買也不多看一眼，會說「玩具沒多久就會玩膩的啦」。

兒子們上高中之前，我都沒給過他們零用錢。只有需要用錢時他們才來和我商量，我再給他們錢。孩子們長大一些之後，我也問過他們：「那時候沒錢會覺得不方便嗎？」三人異口同聲說：「完全沒感覺有什麼不自由哦。」

他們唯一收到錢的機會，就是每年新年的壓歲錢。但他們從來不自己花掉這些錢，總是對我說：「媽媽你拿著。」我們給兒子們申請了銀行帳戶，把壓歲錢存起來，等他們大學畢業時一次交還，成了他們人生新出發的「第一桶金」。

這種育兒方式的結果就是，兒子們慢慢地成了不渴求物質的人。

大兒子在公司升職了，我們為了祝賀他，買了名牌包包給他。但他卻非常生氣地說：「你們明明瞭解我是什麼樣的人！我不需要這麼貴的東西。請你們別再買了。」一開始我對他的反應感到很吃驚，但因為他說得是對的，我也好好作了反省。

人的價值，不能用金錢和物質來衡量，錢買不到的東西才是寶物。珍惜朋友，和家人保持緊密聯繫，注重健康，不撒謊，努力做事……**不是收集金錢，而是這些人生至寶，才能通往真正的幸福**。

恰到好處的金錢觀是挺難的，首先當然不能浪費，但也不能太吝嗇。金錢慾太強是個問題，可是也應該確保自己能過上比較舒適的生活。這種連大人都難以把握的尺度，要讓孩子理解，確實是個難題。父母努力工作才能掙到錢，充分瞭解這一點，珍惜金錢，懷著感激去使用，是培養孩子金錢意識的基礎。

兒子說

小時候，我雖然沒有拿過零用錢，但也從沒有感覺不夠錢花。想要什麼東西、想要幹什麼的時候，我會和父母商量，有一次算一次地問他們要錢。因為要和父母商量，每次必須考慮好該怎麼說。不知不覺間就發現，自己不再想買多餘的東西了。

另一方面，父母從不吝嗇在旅行、工作等方面的花費。我想這也影響了我比起物質，更重視經驗的意識。

32

不要忽視青春期的荷爾蒙機制

思春期のホルモンのメカニズムを無視してはいけない

經常可以聽到這樣的說法：「孩子到了青春期，反抗父母是正常的。」為什麼青春期的孩子會叛逆呢？青春期，真的就等於是叛逆期嗎？是心態問題，還是因為身體產生變化了呢？

「**體內的荷爾蒙變化**」被認為是青春期孩子情緒不穩定的原因之一。因此，**對於迎來青春期的孩子們，一定要讓他們理解人體的荷爾蒙機制。通過充分瞭解自己的身體，孩子就可以安穩地度過青春期。**

青春期孩子的體內，會大量分泌出成長荷爾蒙、男性或女性荷爾蒙，幫助孩子的身體變成大人。由於這些荷爾蒙的影響，孩子時而煩躁，時而消沉，時而興奮，時而失眠；有時候突然想哭，有時候笑不停口，有時候早上起不了床。這都是在**成長過程中自然的生理現象，與周圍環境無關**。

孩子如果不理解自己身體的機制，就會往外尋找心情變差的原因。「因為我爸媽很煩人！」「因為周圍人不理解我！」「因為這個社會不公平！」「因為那傢伙太噁心了！」像這樣，將自己心情不好怪在別人頭上。

加上自我意識提高，**令他們對別人的言行過度敏感**，連帶自己也會變得煩躁，討厭自己，甚至傷害自己。有的小孩為了舒緩壞心情，會唱歌跳舞，甚至大鬧一番。也有時候會怪在自己親兄弟身上，或者怪學校、社會，總之把怒氣撒在周圍環境。

身邊的大人看到青春期的孩子，會認為「這是進入叛逆期了呢」、「這是自然現象，別理他就行」等等，把這些孩子當作不能碰的炸彈一樣。

這樣一來，有的孩子更加感到被孤立而痛苦；有的孩子遇到壞朋友，惹是生非。相反，如果孩子交到同年紀的好朋友，就能夠互相支持，順利度過青春期。

這段重要又辛苦的時期，作為父母，該如何守護孩子，給予他們好的建議呢？

首先，必須**告訴他們青春期的荷爾蒙機制**。不是等到孩子開始分泌荷爾蒙才教，而是在青春期到來之前就要做。最近孩子們的青春期來得越來越早，我覺得**九歲左右**教最合適。

請反覆和他們說：「從現在開始，你要慢慢成為大人了。為了構建大人的身體，你的體內會分泌許多成長荷爾蒙。因為這些荷爾蒙的關係，你會突然覺得心煩，容易生氣，莫名想哭，還會睡不著，但千萬不要慌張！這些情緒在青春期結束後就會消失。迎來青春期是非常好、非常自然而值得高興的事情。可能你會感覺心情有點差，但這不是你的錯，也不是媽媽、哥哥或弟弟的錯，更不是朋友、社會的錯。全部都是荷爾蒙的影響喲！」

「這些荷爾蒙在一天中有分泌多的時候，也有不怎麼分泌的時候哦。只要稍稍忍耐一下，就能立刻回復到平常的狀態，不必擔心哦。」這麼解釋，教會孩子如何面對荷爾蒙帶來的情緒。

孩子如果明白自己心情變差的原因，那麼在他感覺煩躁的時候，就可以自我控制。他會想：「只要荷爾蒙水平回復正常了，自然就好了。」

我家三個兒子就是通過這個方法，安穩度過青春期的。就算偶爾因為心煩而對兄弟發了脾氣，等荷爾蒙分泌正常後，也會坦誠地和兄弟道歉。因為我知道孩子的這些變化，並不是因為處在叛逆期，而是荷爾蒙的原因，所以事先和他們好好解釋以後，我會靜靜地在一旁，關愛地守護著陷入成長期煩惱的孩子們。我們要記住，**孩子並不是在反叛，而是在成長**。

如果明白這樣的身體機制，親子之間、兄弟之間就不會出現不必要的爭吵了。所以，請務必嘗試將荷爾蒙的知識，告訴青春期來臨前的孩子。

兒子說

有關青春期荷爾蒙的話題，我認為它象徵的是在更廣泛意義上的，關於身體、情感、自我獨立性的問題。無法自控的身體變化、情緒波動，不僅僅會在青春期發生，也是貫穿一生的課題。產生這些變化的時候，該如何冷靜處理？父母教我的是：「重要的是知道這種變化不一定是因為自己的錯。」這樣的想法，一定能讓青春期的孩子在心理上更為放鬆。

舉個聽起來有些奇怪的例子：根據以色列的一項研究，如果是午餐前，即法官餓肚子的時候，進行是否釋放受刑者的審議，比午餐後進行的審議，釋放率要低得多。[4]我不清楚這項研究是否能作為「法官空腹狀態會影響司法制度」這一觀點的證據。但換個角度來看，法官也和青春期孩子一樣，也有必要做好情緒管理。

4 Nature, **Hungry judges dispense rough justice**, April 11, 2011

33

不要忽視孩子的身份認同

アイデンティティーの確認をおろそかにしてはいけない

「我是誰？」

「我為什麼在這裡？」

「我以後的目標是？」

大家有沒有問過孩子這三個問題？

這是人生中永遠的難題，我們無數次都為它們所煩惱。如果孩子答得上這三個問題，說明他們已經能建立身份認同了。如果孩子無法回答，就說明他們還不清楚自身存在的意義，處於迷惘的狀態。確認自我的身份，也是一趟「尋找自我的旅程」。

經過煩惱和思考後找到自我，**人就能建立夢想和目標，集中精神，毫無雜念地前進，把失敗化作經驗，提高下次成功的機率**。而且，即便最後無法走到終點，但一個一直追夢的人，仍然會感到自己活得生氣勃勃，充滿幸福。

因此，**幫助孩子建立身份認同，是父母的重要使命**。

請和孩子一起思考如何尋找這三個問題的答案吧。

「我是誰？」想要回答這個問題，需要許多知識。

- 我的名字叫〇〇〇。為什麼會取這個名字？它的由來是什麼？
- 在香港，生為男孩子或女孩子代表著什麼？
- 中國人是什麼樣的人種？香港的歷史是怎樣的？
- 爸爸媽媽是怎樣的人？
- 我們家的祖先是什麼樣的人？

「我為什麼在這裡？」回答這個問題，也需要許多資訊。

- 因為家鄉在這裡？
- 因為爸爸媽媽選擇在這座城市生活？
- 因為這裡有工作，有學校？

• 這裡是什麼樣的地方？

• 這裡的歷史和特色是什麼？

• 這裡住了什麼樣的人？

「我以後的目標是什麼？」

• 你想成為什麼樣的人？

• 你喜歡什麼，想學什麼？

• 想在哪裡生活？

• 想和什麼樣的人在一起？

• 想在哪裡離開人世……？

各種疑問多到數不清。**父母一定要和孩子一起，進行這項困難的作業。**

「任誰都有迷惘的時候。迷惘是當然的。」

「你最喜歡什麼樣的自己？試著想想看！」

「如果有答案了，就朝著那個方向前進。」

「特別處於青春期，或者畢業、就職、結婚，孩子自立時，人確實會感到迷惘。」

「在成長過程中，雖然會遇到各種各樣的煩惱，碰不少壁，但要繼續尋找這三個問題的答案哦。」

「不要慌張，要相信自己。」

請告訴孩子建立身份認同的重要性，讓他們明白誰都會遇到身份認同的危機。這是父母必須為孩子做的最起碼的身份認同教育。

當然，還有其他父母可以幫上忙的事。

比如，知道孩子擅長和不擅長什麼之後，給予鼓勵：「你做得很好哦，再往前走一步吧？」

對於還沒確定目標的孩子，可建議他多嘗試些不同的事情，擴展選項，也可傾聽他們的迷惘。只是到最後，**孩子仍然必須靠自己，在煩惱中找到答案**。

「身份認同」這一概念在歐美國家，已經是育兒時必須開展的基礎課題。

「我就是我，不是其他任何人。」明白自己就是這樣的人，孩子就能保持自信心。

如果能夠認同自己，孩子就會非常積極地發揮出實力，發現人生的意義，生活的喜悅也倍增。因此，請父母多花時間，幫助孩子找到他最喜歡的自己吧。

兒子說

說起身份認同，很多時會傾向了國籍方面的問題。但實際上，它有著超越國家、政治的廣泛意義。就我個人來說，我的身份認同其實很混亂。

出生在加拿大，在日本長大，現在住在美國。母親是中國人，但不是生在中國內地而是香港；父親則是日本人。我妻子的父母出身在情勢更複雜的台灣，真的是沒辦法理個一清二楚。

身份認同，也是對「我是為誰而活」這一問題的解答。這麼一想，答案就簡單了。為了家人、朋友、親戚，以及自己居住的城市；為了故鄉、國家、全人類。這種想要更深遠地為什麼作出貢獻的想法，也許正是一種身份認同。到了今天，我仍然很懷念以前為了身份認同而煩惱的階段。

善

Goodness

善與惡，這是人類永恆的話題。

我不想讓孩子變成那種只要自己好就行的人，想令他們明白幫助別人帶來的喜悅，能體會重視他人帶來的力量，成為懂得感恩，能夠報恩的人。

34

不要培養出自我中心的孩子

自己中心的な子に育ててはいけない

經常看見一些自我中心的孩子，在超市裡向父母撒嬌：「給我買這個！」或者在公共場合四處亂跑，父母勸都勸不停。如果硬要讓他乖，就大聲哭給你看，甚至動手打父母，滿地打滾，亂哭一氣。

乘車時，有些年輕人即使身邊有比自己還小的小朋友也好，有老人也好，都不會主動讓座。自己喜歡的食物，不願與周圍人分享，但是一旦別人用了自己的東西、吃了自己的食物，就立馬生氣。

總之，對什麼的獨佔欲都很強，任何事以自我為中心來考慮。

如果孩子有以自我為中心的趨勢，一定要改正過來。如果就這樣讓他長大，以後會變成給別人添麻煩的人。他們會交不到真心的朋友，親兄弟之間還能忍耐，但學校裡的朋友漸漸都會離他而去。最終，長大以後只能度過孤獨的人生。

那麼，怎樣做才能改過來呢？

那就是要從小讓孩子「**體驗到待人以善的喜悅**」。找機會給孩子能發自善心，為他人做事，**感受到因為他做的事而增添了別人的喜悅，孩子就會體會到無上的幸福**。

而這份幸福，一定是他們前所未有的，心裡被填滿的充實感。比自己耍性子，想幹什麼就幹什麼要開心得多。孩子會瞭解到一種全新的快樂感受，發現原來有比以自我為中心更快樂的事情。

只要記住一次這個感覺，孩子就會在不知不覺中改變自己的行為。大人要鼓勵、支持他們，讓孩子日積月累，成為一個能為他人著想的人。

為此，**父母應該從自己開始，做好表率**，多點幫助別人。

例如，和孩子乘電車時，主動讓座給有需要的人，並和孩子解釋為什麼要讓座，**教孩子要體恤他人**。「那個阿姨肚子裡有小寶寶哦。」「婆婆一直站著很容易累。」

或者走在路上時，撿起地上的垃圾，**告訴孩子公德心的重要性**。「為了讓大家生活得乾淨，不能亂扔垃圾喲。」「看到有垃圾，就要撿起來。」

在餐廳吃飯時，如果有好吃的東西，大家一起分享著吃，**告訴孩子分享的快樂**。「大家一起吃會更美味哦。」

參加義工活動時也是，能帶上孩子的話，就把孩子一起帶去。

看到報紙、電視上有關生活在戰亂地區的孩子們的報導時，和孩子一起思考：「他們的生活真慘呀。我們能幫他們些什麼嗎？」

像這樣，**讓孩子思考用自己的力量幫助別人的方法，明白一定有自己能做的事**，從這些開始起步。

接著製造一些機會，例如看到路上有垃圾，告訴孩子：「啊！你看，那裡有垃圾哦。」等孩子跑過去拾起後，把孩子抱起來表揚一下：「好厲害呀。道路都變乾淨了呢。」回到家之後，也和爸爸彙報：「今天〇〇在路上撿起了垃圾哦。」然後讓爸爸也抱抱孩子，誇讚一番。

諸如此類持續下去，孩子就能深切體會到幫助別人的喜悅。「雖然自己的事情很重要，但是朋友的事也要上心哦。」苦口婆心地多說幾回，孩子自私任性的行動自然就會減少。

如果不經過這些過程，孩子吵鬧的時候，就算你批評他：「會給人添麻煩的吧！」「你丟不丟人啊！」孩子也理解不了。但是，**如果明白要重視他人，自私任性的言行就會越來越少**。

不是因為怕添麻煩所以不去做，也不是因為有誰看著自己所以不去做。請教導孩子：「因為別人也很重要，所以不能做。」「自己是可以幫助別人的。」「因此，為了別人，為了讓別人開心而做吧。」

兒子說

小時候心情不好，母親肯定會對我說：「不要總考慮自己，多想想周圍的人，這樣會輕鬆一些。」表面上看似無視了近在眼前的問題，只是安慰的話，但每次都非常有效果。

孩子也好，成人也罷，有時都要直視人最根本的無力感。那時候，就算不能為自己做任何事，也應該可以為別人做些什麼。這是確認自己並非無能為力的一個方法。不以自我為中心的人，不會總是惶惶不安，始終能夠保持向前。

35

不要忘記感恩

感謝の気持ちを忘れさせてはいけない

所謂感恩，是珍惜自己所處的位置、環境，知道這是「極為難得的恩惠」。

生活在香港或者日本這些富裕的地方，很容易會認為生活便利是理所當然的，甚至被各種欲望所征服，想要更輕鬆地生活，吃到更好吃的東西，住在更好的房子裡。

比起「珍惜」，也許更多人對現狀感到「不滿」。說不定就連對親生父母也沒有感激之情，對於培養自己的人們也不感恩。這樣的人認為自己能成功，全都是自己一個人的功勞……如果是這樣，真的太可怕了。

人們常說：「**不懂得感恩的人，一生都不會感到滿足。**」他們會被大家所討厭，也許最後的結局會很悲慘。我絕不希望孩子變成這樣的大人。因此，從孩子小時候起，就要教導他們懂得感恩。

感恩之心，是從哪裡產生的呢？是從意識到「自己現在擁有的，絕不是理所當然的」開始。

例如就連「生命」也不是理所當然的。父母應該和孩子說：「你的生命，是在許多人的恩念中誕生的。爺爺和奶奶結婚後有了爸爸，之後爸爸和媽媽相遇，跨越重重阻礙結了婚，然後你才會出生。但是，這也是由於爸爸媽媽沒有生病，才能順利懷孕的哦。當中也託醫生幫忙查看，懷孕過程中，媽媽也攝取了充足的食物。所以你能健康地生下來，真的太好了呢。」「你的生命，正是由這樣的緣分和條件集齊而誕生的哦。所以一定要珍惜自己的生命，要感謝所有的人、事、物。」

再比如「生存」。「世界上有許多小朋友，好不容易生下來了，卻不能活下去。因為戰爭、貧困、自然災害或者生病，五歲之前就死亡的小孩子，每年有六百萬人啊。」然後問問孩子：「那麼為什麼你可以這麼健康地生活呢？」同孩子一起思考。

孩子經過一段思索之後，再說出他的想法。這樣的對話，即使是兩三歲的小孩也能夠理解。「因為有爸爸媽媽。」「因為能去上學。」「因為能吃上飯。」「因為能喝到乾淨的水。」「因為肚子痛了可以吃藥。」「因為有房子住。」「因為我生活在和平的國家。」「這些全都不是理所當然的哦。」

發自心底向孩子訴說：「要對一切感恩哦！」這樣孩子也就自然懂得感恩了。

有感恩之心的孩子，自然會成為「**懂得報恩**」的孩子。他們會想，自己健健康康地努力生活，就是報恩；為了他人努力工作，也是報恩；孝敬父母更是如此。**對於人生的苦與樂，都抱著一顆感謝、報恩的心生活，這樣的人才是幸福的**。

這樣的孩子，會成為一直積極向上，永不言棄，不抱怨，努力奮鬥的人。

通往幸福的捷徑，就是**不忘感恩，日日報恩**。希望大家能把自己的孩子培養成不會忘記感恩的人。

兒子說

感恩是很複雜的。雖然有感恩的心很重要，但如果是為了被感謝才行動，就大錯特錯了。不管是再怎麼半吊子的父母，孩子都應該感謝他們；不管是再不孝順的孩子，父母也會為孩子努力。

這種感恩的心態，並不單單只是得到了什麼之後表示感謝而已。也許是對自我存在或者現實的感激吧。可能我這麼想有點樂觀，我覺得大部分人都會認為「活著真好」。這份簡單又樸素的感情，正是「感恩」，而我覺得它的源頭就是來自父母。

媽媽，謝謝你。

爸爸，也謝謝你。

我從心裡感激你們。

後記

教育子女，是一份無法評分的作業，一個不求回報的任務。對我來說，**養育孩子的過程中體會到的喜悅，就是最大的褒獎**。

這次，大兒子為我的育兒方式寫了一些他的感想。說出來有些不好意思，但我實在一邊讀一邊感到十分激動。他摻雜著幽默感的文章裡滿溢著愛，讀他的文章，令我心頭一熱，不知不覺已經淚眼汪汪。孩子的成長令我感動，我真的想向宇宙萬物表示我的謝意。

當然，我一直是小心謹慎、傾盡全力走這一條育兒之路。但是，能把兒子們培養長大，**不光是靠我們夫妻二人**，是得到了周圍的人、學校、社會、職場等各方的幫忙而達成的。**全靠所有在孩子身邊的人們的協助，孩子才得以順利長大成人**。

我深切地感受到，大兒子的成長遠遠超越了我的期待和想像，他已成為了一個頂天立地的男子漢。

身為父母最安慰的，就是孩子變得比自己更優秀。

我從大兒子簡短的文字中瞭解到，他把我們夫妻倆的教導吸收、咀嚼、消化了，並與其他知識相結合，用他自己的方式朝氣勃勃地生活著。

他三歲時，我曾經問他：「好的家庭是什麼樣的呀？」那時，他把自己的小手放在胸口，對我說：「好的家庭，就是一想起家人，這裡就暖洋洋的。」

這就是真理啊！

我以他說的這句話為目標，一直不遺餘力地教導孩子。而現在我的心中，也充滿了一股舒心的暖意。因為有家人的溫暖，我的心底永遠都是暖呼呼的。

和平、昇平、協平，謝謝你們！

孩子們的爸爸，謝謝你！

謝謝大家！

我想告訴正在育兒的各位父母：愛從愛來，心由心育，生命緊緊相連，**育兒本身就是生命**

的表現。

請大家不要害怕，**相信你與孩子的羈絆，以自己的方式，快快樂樂地和你的孩子，度過充滿光明的每一天吧。**

——陳美齡

三聯書店
http://jointpublishing.com

JPBooks.Plus
http://jpbooks.plus

責任編輯　寧礎鋒
書籍設計　陳偉
書名　家長不要做的35件事
作者　陳美齡、金子和平
譯者　陳怡萍
出版　三聯書店（香港）有限公司
香港北角英皇道四九九號北角工業大廈二十樓
JOINT PUBLISHING (H.K.) CO., LTD.
20/F., North Point Industrial Building, 499 King's Road, North Point, HK
香港發行　香港聯合書刊物流有限公司
香港新界荃灣德士古道二二〇至二四八號十六樓
印刷　美雅印刷製本有限公司
香港九龍觀塘榮業街六號四樓A室
版次　二〇一八年一月香港第一版第一次印刷
二〇二四年一月香港第一版第八次印刷
規格　三十二開（125mm × 185mm）二四〇面
國際書號　ISBN 978-962-04-4299-5